심도 있게 편찬된
구역 및 대학·청년부 BEST G.B.S. 시리즈

BEST
디모데전·후서/ 디도서

묵상하는사람들

프리셉트

서문

하나님의 말씀을 향한 뜨거운 열정을 가진 한국 교회 성도들을 위하여 쉼없이 달려온 프리셉트성경연구원은, 쉽고도 심도 있는 성경공부 교재 개발의 부르심에 따라 BEST G.B.S. 시리즈를 기획하여 출간하게 되었습니다.

BEST G.B.S.는 참여자들의 수준이 천차만별하고 그들이 처한 상황이 다양한 점을 고려하여, 다양한 포커스를 가진 도입글과 질문을 제시하였습니다. 뿐만 아니라 깊이 있는 질문을 다각도에서 나눌 수 있도록 선택 질문을 기획하여 묵상의 깊이를 더하였습니다.

한편, 프리셉트성경연구원은 한국 교회를 효과적으로 돕는 다양한 교재를 구역, 셀, 소그룹, 그리고 청년부의 조모임을 위해 많이 개발하고 있습니다. 그 종별의 특징은 다음과 같습니다.

Ⅰ. G.B.S. 교재의 종별 특징

1. High G.B.S. 시리즈

평신도 소그룹 중 성경공부를 장기간 진행해 온 분들에게 적합한 교재입니다. 프리셉트성경연구원의 고급 과정(PUP)에서 다루는 내용을 압축하여 정리한 내용으로서, 참여자들이 1시간 정도 예습해 올 수 있을 때에 효과적으로 진행할 수 있는 교재입니다.

2. BEST G.B.S. 시리즈

소그룹 참여자들의 신앙 수준이 다양한 점을 고려하여, 다양한 도입글과 질문을 제시하였습니다. BEST G.B.S.를 쉽고 편하게 진행하기를 원하면, 「더 깊은 연구와 묵상을 위하여」를 생략하고 다룰 수 있습니다.

3. 쉬운 G.B.S. 시리즈
이 교재는 질의응답식 내용을 통해 누구나 예습 없이 현장에서 쉽게 진행할 수 있도록 구성되었습니다.

4. 주제별 G.B.S. 시리즈
이 교재는 성경의 내용을 주제별로 다뤄서 해당 주제에 대해 성경적 세계관을 확립하는 데 큰 도움을 줍니다.

5. 하나님 마음에 합한 시리즈
이 교재는 신앙생활에 관한 16가지 주제를 소그룹용으로 편찬한 교재로서, 쉬운 G.B.S.에 비해 다루는 내용이 넓고 깊습니다.

6. 40분 G.B.S. 시리즈
이 교재는 미국 프리셉트 본부에서 기획된 교재로서, 약 40분 동안 활발한 토의식 성경공부를 진행할 수 있도록 구성된 편리하고 유용한 교재입니다.

7. 성품 G.B.S. 시리즈
이 교재는 성도들이 소그룹에서 끈기 있게 예수님의 성품을 배우도록 편찬되었습니다. 이 시리즈는 감사, 경건 등 성품이란 주제에 대하여 성경 본문을 집중적으로 연구하여 적용하도록 돕는 성품 변화에 통합된 자료입니다.

8. 기타
그 외에 수련회용, 주말 성경학교용, 청소년용, 제자훈련용 등 많은 교재가 준비되어 있습니다.

II. 인도자를 위한 안내

1. 시작 시간을 정확히 지키십시오.
2. 성령님께서 말씀의 비밀을 깨우쳐 주시도록 함께 기도하십시오.
3. 성경공부에 들어가기 전, 지난 주에 깨달은 말씀을 함께 나누면서 마음을 여

는 시간을 가지십시오.

4. 인도자는 시작하는 질문을 던지면서 참여자들의 활발한 토론을 유도해 나가십시오. 질문을 할 때에는 교재에 주어진 문제에만 국한하지 말고 다른 보충 질문들을 준비하여 이끌어 가십시오.
5. 각 문제마다 적절한 시간을 안배하여 중점적으로 다룰 문제는 충분히 토의하고 지엽적인 문제는 간단히 진행하십시오.
6. 각 과를 인도한 후, 다음의 평가항목을 통해 스스로 자기 점검을 하십시오.
7. 인도자로서 좀 더 깊이 성경을 배우고자 하는 분들은 프리셉트 성경연구 과정에 참여하여 도움을 받기 바랍니다(문의: 02-588-2218).

Ⅲ. 평가항목

1. 보조 질문은 좋았는가?
   명확하고 간략했는가?
   본문에 충실했는가?
   본질적인 문제에 접근했는가?
   깊은 통찰과 적절한 적용을 이끌어 냈는가?
2. 참여자의 발표를 잘 유도하고 격려했는가?
3. 말을 너무 많이 하거나 적게 하지는 않았는가?
4. 준비를 충분히 하였는가?
5. 분문에서 벗어난 방향으로 토의가 진행되지는 않았는가?
6. 시간은 잘 지켰는가?

Ⅳ. 본 교재에 대하여

복음 사역을 위하여 바울은 30여 년간 큰 희생을 하였습니다. 그의 몸에는 예수 그리스도의 흔적이 있었습니다. 그러나 그의 고통도 그의 심령에 새겨진 교회들을 향한 그의 사랑과 관심에 비할 수는 없었습니다. 사도 바울은 복음과 함께 고난받을 것을 디모데에게 강력하게 명령합니다. 그리고 이 복음을 들은 다른 사람들도 하나님의 일꾼으로서 세워질 수 있도록 잘 가르칠 것을 당부합니다. 본문에는 말세의 특징을 설명하고 무엇보다 성경의 권위와 그 능력에 대하여 말씀하고 있는 노사도의 절절한 마음이 담겨 있습니다.

디모데가 바울 사도로부터 편지를 받던 그때와 오늘의 변하지 않은 공통점이 있다면, 그것은 바로 많은 이단 사상이 난무하고 있다는 사실입니다. 본 과정을 통해 여러분은 참된 진리가 무엇인지 다시금 확인하여 복음을 외면하고, 나아가 왜곡된 진리를 설파하는 많은 사람에게 옳은 말씀을 분별하여 전파할 수 있도록 돕는 자로 서게 될 것입니다.

이 책을 공부하는 동안 여러분은 그리스도인의 삶에 대해 진지하게 고민하는 시간을 갖게 될 것입니다. 디모데전·후서/ 디도서로 구성된 본 BEST G.B.S.를 통해 견고한 신앙의 기반을 구축하고, 위대하신 하나님을 온 심령으로 찬양하는 기쁨을 누리시기 바랍니다.

프리셉트성경연구원
원장 김경섭

차례

01 다른 진리를 경계하라

| 본문 디모데전서 1장 1-11절

| 외울말씀 이 교훈은 내게 맡기신 바 복되신 하나님의 영광의 복음을 따름이니라 (11절)

1우리 구주 하나님과 우리의 소망이신 그리스도 예수의 명령을 따라 그리스도 예수의 사
도 된 바울은 2믿음 안에서 참 아들 된 디모데에게 편지하노니 하나님 아버지와 그리스도
예수 우리 주께로부터 은혜와 긍휼과 평강이 네게 있을지어다 3내가 마게도냐로 갈 때에
너를 권하여 에베소에 머물라 한 것은 어떤 사람들을 명하여 다른 교훈을 가르치지 말며
4신화와 끝없는 족보에 몰두하지 말게 하려 함이라 이런 것은 믿음 안에 있는 하나님의
경륜을 이룸보다 도리어 변론을 내는 것이라 5이 교훈의 목적은 청결한 마음과 선한 양심
과 거짓이 없는 믿음에서 나오는 사랑이거늘 6사람들이 이에서 벗어나 헛된 말에 빠져 7
율법의 선생이 되려 하나 자기가 말하는 것이나 자기가 확증하는 것도 깨닫지 못하는도
다 8그러나 율법은 사람이 그것을 적법하게만 쓰면 선한 것임을 우리는 아노라 9알 것은
이것이니 율법은 옳은 사람을 위하여 세운 것이 아니요 오직 불법한 자와 복종하지 아니
하는 자와 경건하지 아니한 자와 죄인과 거룩하지 아니한 자와 망령된 자와 아버지를 죽
이는 자와 어머니를 죽이는 자와 살인하는 자며 10음행하는 자와 남색하는 자와 인신매매
를 하는 자와 거짓말하는 자와 거짓맹세하는 자와 기타 바른 교훈을 거스르는 자를 위함
이니 11이 교훈은 내게 맡기신 바 복되신 하나님의 영광의 복음을 따름이니라

도입을 위한 글

바울 사도는 소아시아 반도 서편에 자리잡은 에베소 지역에서 3년간 전심하여 복음사역을 전개하고 성경교육에 진력함으로써, 소아시아 일대에 큰 파장을 일으켰습니다. 하지만 바울 사도는 개척 선교사로서 에베소 지역에만 머물러 있을 수가 없었습니다. 그는 자신이 에베소 지역을 떠난 뒤 에베소교회가 교리적으로, 그리고 신앙적으로 시련을 겪을 것을 예견하였습니다(행 20:1~31). 바울은 디모데로 하여금 에베소교회를 목양하도록 조치하고 교회에 침투하는 이단세력과 잘못된 가르침을 단호하게 대처할 것을 간절히 당부합니다. 이 서신은 바울이 첫번째 로마 투옥에서 풀려난 이후에 기록된 것이며, 주후 63년경 저술된 것으로 추정됩니다.

도입을 위한 질문

❶ 당신은 최근 주위 사람들로부터 충고를 받은 적이 있습니까? 어떤 충고였습니까? 그 충고는 당신의 삶에 어떤 영향을 미쳤습니까?

❷ 당신은 최근 주위 사람에게 충고를 한 적이 있습니까? 어떤 충고였습니까? 그 충고는 유효(有效)하였습니까?

본문 질문

❶ 바울 사도가 가진 특별한 확신은 무엇입니까?(1절)

❷ 저자인 바울 사도는 수신자된 디모데와의 관계를 어떻게 표현합니까?(2절) 당신은 지금까지 신앙생활을 하면서, 가슴으로 기도하며 양육한 신앙의 후배요 믿음 안에서 참 아들이라 표현할 만한 사람이 있습니까?

❸ 바울 사도는 로마감옥에 갇혔다가 석방된 뒤(AD 63년경), 디모데와 함께 에베소에 머물고 있었습니다. 바울은 디모데로 하여금 계속 에베소에 머물도록 하고, 자신은 마케도냐(그리스 북부 주)로 떠났습니다. 이때 바울이 디모데를 에베소 지역에 머물게 한 이유가 무엇이었을까요?(3-4절)

*다른 교훈 [heterodidas kalein]:디도서 2:3의 '선한 가르침'에 반대되는 의미이며 이단이나 거짓교훈, '복음에서 벗어난 다른 교리'를 가르치는 것을 의미한다

*신화: 만든 이야기, 꾸며낸 이야기

*끝없는 족보: 자신이 하나님의 선민임을 강조하기 위하여 자신의 족보를 유명한 조상들에게로 억지로 연결시키는 잘못된 관행

❹ 다른 교훈을 금지하고 신화와 끝없는 족보에 몰두하지 못하도록 경계하는 목적은 무엇입니까?(5절)

❺ 사람들이 청결한 마음, 선한 양심 그리고 거짓없는 믿음에서 벗어나면 어디에 빠지기 쉽습니까?(6절)

*헛된 말 [mataiologian]: 공허한 이야기, 허탄한 지껄임

❻ 율법 자체는 선합니다. 하지만 율법이 세워진 목적은 옳은 사람을 위함이 아닙니다. 그렇다면 율법은 누구를 위하여 세움 받았습니까?(9–10절)

❼ 율법의 성격(8절)과 율법의 진정한 적용 대상(9–10절)에 대한 표현은 바울이 자신의 개인적 견해를 좇음이 아니라고 합니다. 그렇다면 이 교훈(율법의 성격과 적용 대상)은 어디서 좇아 난 것입니까?(11절)

더 깊은 연구와 묵상을 위하여

❶ 바울이 이 목회서신을 통해 디모데에게 강력히 권면하고 경계하고자 했던 내용을 다시 한 번 정리해 보십시오(3–10절). 당시 에베소 지역은 아데미(Artemis) 숭배의 중심지였고(행 19:33–41), 이단들이 횡횡하고 있었습니다. 바울은 이 지역에 디모데를 남겨두고서 단지 사역을 맡길 뿐만 아니라 사역을 잘 하도록 가이드라인을 구체적으로 제시하고 있습니다. 당신은 당신이 돕는 그룹원들이나, 당신이 영향을 미치는 가족들, 주변 사람들을 도울 때 어떻게 다른 교훈 등에 대해서 경계하고 있습니까?

❷ 당신이 속한 영적 공동체에서 가장 균형이 깨져서 치우친 분야 또한 취약한 가르침은 어떤 영역입니까? 당신의 공동체를 위하여 가장 중요하다고 생각되는 기도제목을 나누어 보십시오.

적용을 위한 글

바울은 선교지역의 확장을 위해서 에베소 지역을 떠나야만 했습니다. 하지만 에베소 지역에 편만하게 퍼져가는 거짓 가르침을 방어하기 위해서는 신뢰하는 제자요 사역자인 디모데를 에베소에 머물게 해야만 했습니다. 당시 거짓선생들은 복음과는 다른 교훈을 가르치고 있었고, 신화와 끝없는 족보에 착념하고 있었습니다. 또한 저들은 율법적 가르침을 오용했으며 사랑에서 벗어나 헛된 말에 빠져 있었습니다. 여기서 '벗어나다'와 '빠지다'라는 단어는 모두 '빗나가다', '곁으로 새다'라는 뜻을 가지고 있습니다. 이는 하나님의 백성들이 진리를 향해 똑바로 가는 것이 얼마나 중요한 것임을 보여줍니다. 그들 안에는 청결한 믿음과 선한 양심, 거짓이 없는 믿음으로 무장한 사랑이 없었습니다. 칼빈은 율법에는 세 가지 기능, 즉 형벌적 기능(죄인으로 정죄하여 그리스도께로 인도함), 제어적 기능(악한 자를 억제함), 그리고 교육적 기능(신자를 가르치고 권면함)이 있다고 말했습니다. 바울 사도도 여기서 세 가지 기능 중 악한 자를 억제하는 제어적 기능을 특별히 강조하고 있습니다. 결국 바울은 거짓 교훈 등을 경계하고자 최선의 경주를 다하고 있는 모습을 보여 주었습니다. 그리고 이 모든 교훈은 복되신 하나님의 영광의 복음에 근거한 것임을 천명합니다. 당신은 당신과 함께하는 영적 공동체를 향해서 무엇을 경계하고 있습니까?

적용 및 결단을 위한 질문

❶ 당신의 공동체는 교리적으로, 그리고 생활면에서 어떤 약점을 가지고 있습니까?

❷ 당신이 속한 공동체가 건강하게 자라가도록 구체적으로 기도하고 있습니까?

02 내가 죄인의 괴수니라

본문 디모데전서 1장 12-20절

외울말씀 미쁘다 모든 사람이 받을 만한 이 말이여 그리스도 예수께서 죄인을 구원하시려고 세상에 임하셨다 하였도다 죄인 중에 내가 괴수니라 (15절)

12나를 능하게 하신 그리스도 예수 우리 주께 내가 감사함은 나를 충성되이 여겨 내게 직
분을 맡기심이니 13내가 전에는 비방자요 박해자요 폭행자였으나 도리어 긍휼을 입은 것
은 내가 믿지 아니할 때에 알지 못하고 행하였음이라 14우리 주의 은혜가 그리스도 예수
안에 있는 믿음과 사랑과 함께 넘치도록 풍성하였도다 15미쁘다 모든 사람이 받을 만한
이 말이여 그리스도 예수께서 죄인을 구원하시려고 세상에 임하셨다 하였도다 죄인 중
에 내가 괴수니라 16그러나 내가 긍휼을 입은 까닭은 예수 그리스도께서 내게 먼저 일체
오래 참으심을 보이사 후에 주를 믿어 영생 얻는 자들에게 본이 되게 하려 하심이라 17영
원하신 왕 곧 썩지 아니하고 보이지 아니하고 홀로 하나이신 하나님께 존귀와 영광이 영
원무궁하도록 있을지어다 아멘 18아들 디모데야 내가 네게 이 교훈으로써 명하노니 전에
너를 지도한 예언을 따라 그것으로 선한 싸움을 싸우며 19믿음과 착한 양심을 가지라 어
떤 이들은 이 양심을 버렸고 그 믿음에 관하여는 파선하였느니라 20그 가운데 후메내오
와 알렉산더가 있으니 내가 사탄에게 내준 것은 그들로 훈계를 받아 신성을 모독하지 못
하게 하려 함이라

도입을 위한 글

2차 대전 당시 유대인 중에 코리텐 붐(Corrie Ten Boom) 여사가 있었습니다. 그녀는 자신의 어머니가 독일 나치에게 고문당하고 죽는 모습을 지켜볼 수밖에 없었습니다. 동생과 함께 발가벗겨져 갖은 모욕을 당했습니다. 그녀는 가스실로 가기 직전에 기적 같이 살아남았습니다. 코리 여사는 말할 수 없는 고통을 경험하면서 예수님을 만났고, 예수님의 사랑에 이끌려 독일 전역을 다니면서 용서와 화해의 복음을 증거하기 시작했습니다. 그러던 어느 날, 교회에서 예전과 마찬가지로 사랑과 용서에 대한 설교를 마치고 인사를 나누는데, 한 남자가 멀리서 걸어오는 것이 보였습니다. 바로 그녀와 가족을 고문했던 독일 나치군인이었습니다. 과거의 군복을 벗고 신사복을 입고 있었지만, 그는 분명 자신을 발가벗기고 모욕했던 그 사람이었습니다. 소름 끼치도록 분노가 일어나 그녀의 전신을 휘감았습니다. 그때의 기억을 코리텐 붐 여사는 이렇게 기록하고 있습니다. "그때 기도했습니다. '하나님! 저는 강단에서 용서를 외쳤는데, 정작 제 자신은 그를 용서할 수 없습니다. 주님, 저를 불쌍히 여겨 주소서. 성령께서 제 마음 속에 은혜를 베풀어 주시옵소서' 기도한 후 눈을 뜨고 원수를 향해서 악수의 손을 내밀었을 때, 성령께서 말할 수 없는 치료의 영으로 제 안에 임재하사 모든 미움을 녹여주시고 넘치는 사랑으로 채워 주셨습니다."

도입을 위한 질문

❶ 당신의 생애에서 가장 큰 변화의 분기점(Turning Point) 은 무엇입니까? 변화 이전과 이후를 나눠 보십시오.

❷ 당신이 죄인이라는 사실을 뼈저리게 느낀 때는 언제, 어떤 상황이었습니까?

본문 질문

❶ 바울은 자신이 감사하는 대상을 어떻게 소개합니까?(12절)

❷ 바울이 감사하는 이유 2가지를 찾아보십시오(12절).

❸ 당신이 하나님의 나라에서 맡은 직분은 무엇입니까? 그 직분을 진심으로 감사하고 있습니까?

❹ 바울 사도는 자신이 예수님을 믿기 전에 어떤 존재였다고 고백합니까?(13, 15절)

*비방자 [Blasphemos]: 모독자, 훼방자. 예수님을 믿기 전 바울은 예수님의 이름을 모독했다
*박해자 [dioktes]: '추격하다'의 의미를 갖고 있으며, 바울이 과거에 그리스도인들을 추격해서 괴롭힌 사실을 나타냄
*폭행자 [hubristes]: 악의를 품고 남을 경멸하며 인권을 유린하는 자

❺ 바울 사도는 자신이 변화하여 새 사람이 된 이유를 어떻게 설명합니까?(16절)

❻ 바울 사도는 자신을 변화시키고 자신에게 은혜 베푸신 주님께 감사하면서 존귀와 영광을 누구에게 돌리고 있습니까?(17절) 그 대상을 어떻게 묘사하고 있습니까?

❼ 바울 사도는 디모데에게 과거에 지도한 예언(말씀)을 따라 무엇하기를 권면합니까?(18-19절)

❽ 바울 사도는 양심을 버리고 믿음이 파선한 인물로 누구누구를 언급합니까?(19-20절) 이렇게 문제의 인물을 익명으로 표현하지 않고 직접 거명하는 이유는 무엇일까요?

더 깊은 연구와 묵상을 위하여

❶ 바울 사도는 '후메내오', '알렉산더'를 구체적으로 지칭하면서, 자신이 그들을 사탄에게 내어 주었노라고, 그리고 저들이 징계를 받았노라고 표현하고 있습니다. 징계의 목적은 첫째, 범죄 후 회개에 이르도록 하기 위함이요, 둘째, 다른 성도들에게 영적으로 범죄에 대해 각성케 하기 위함입니다. 우리는 주님을 섬기다가 믿음을 저버리고 세상으로 흘러간 사람들을 쉽게 잊습니다. 교회 공동체에서 징계가 이루어질 때 우리는 어떤 자세를 가져야 할까요?

❷ 하나님의 긍휼을 덧입고 은혜를 받을 때 우리는 항상 어떤 자세를 견지해야 할까요?(17절)

적용을 위한 글

바울은 1장 전반부에서 이단과 다른 가르침을 경고하고 자신의 신앙간증과 함께 목회자의 기본 자세를 교훈하고 있습니다. 바울은 과거 신자들을 체포, 구금, 사형시켰던 죄인의 괴수였습니다. 그런데 예수님을 만나 회심한 후, 바울은 예수님께 충성하는 영광스런 직분자가 되었습니다. 그는 하나님의 긍휼하심에 힘입어 복음 반포자가 되었음을 감사하고 있습니다. 그리고 목회 후보생인 디모데를 향하여 믿음의 선한 싸움을 싸울 것을 권면하고, 믿음과 착한 양심을 가질 것을 명합니다. 결코 배신자인 후메내오와 알렉산더 같은 인물이 되어서는 안 될 것입니다.

적용 및 결단을 위한 질문

❶ 당신의 삶은 감사로 충만해 있습니까 아니면, 원망과 불평이 지배적입니까? 당신의 삶을 돌아보며 감사의 제목 5가지를 기록해 보십시오.

❷ 당신의 마음에서 선한 싸움의 내용은 무엇입니까? 함께 나누어 보십시오.

03 중보기도

본문 디모데전서 2장 1-15절

외울말씀 그러므로 내가 첫째로 권하노니 모든 사람을 위하여 간구와 기도와 도고와 감사를 하되 임금들과 높은 지위에 있는 모든 사람을 위하여 하라 이는 우리가 모든 경건과 단정함으로 고요하고 평안한 생활을 하려 함이라 (1-2절)

1그러므로 내가 첫째로 권하노니 모든 사람을 위하여 간구와 기도와 도고와 감사를 하되
2임금들과 높은 지위에 있는 모든 사람을 위하여 하라 이는 우리가 모든 경건과 단정함
으로 고요하고 평안한 생활을 하려 함이라 3이것이 우리 구주 하나님 앞에 선하고 받으
실 만한 것이니 4하나님은 모든 사람이 구원을 받으며 진리를 아는 데에 이르기를 원하
시느니라 5하나님은 한 분이시요 또 하나님과 사람 사이에 중보자도 한 분이시니 곧 사
람이신 그리스도 예수라 6그가 모든 사람을 위하여 자기를 대속물로 주셨으니 기약이 이
르러 주신 증거니라 7이를 위하여 내가 전파하는 자와 사도로 세움을 입은 것은 참말이
요 거짓말이 아니니 믿음과 진리 안에서 내가 이방인의 스승이 되었노라 8그러므로 각처
에서 남자들이 분노와 다툼이 없이 거룩한 손을 들어 기도하기를 원하노라 9또 이와 같
이 여자들도 단정하게 옷을 입으며 소박함과 정절로써 자기를 단장하고 땋은 머리와 금
이나 진주나 값진 옷으로 하지 말고 10오직 선행으로 하기를 원하노라 이것이 하나님을
경외한다 하는 자들에게 마땅한 것이니라 11여자는 일체 순종함으로 조용히 배우라 12여
자가 가르치는 것과 남자를 주관하는 것을 허락하지 아니하노니 오직 조용할지니라 13이
는 아담이 먼저 지음을 받고 하와가 그 후며 14아담이 속은 것이 아니고 여자가 속아 죄
에 빠졌음이라 15그러나 여자들이 만일 정숙함으로써 믿음과 사랑과 거룩함에 거하면 그
의 해산함으로 구원을 얻으리라

도입을 위한 글

하나님께서 성도들에게 주신 가장 신비한 선물은 다른 영혼을 볼 수 있는 안목입니다. 하나님께서 다른 영혼들의 잘못을 우리의 눈에 띄게 하시는 이유는 하나님 앞에 이 문제를 가지고 나아가 그리스도의 마음으로 이들을 위해 중보하기를 원하시기 때문입니다. 우리가 주님의 마음으로 중보하면 하나님은 "사망에 이르지 아니하고 생명을 주리라"고 말씀하셨습니다. 그러므로 중보는 하나님을 우리의 마음 속으로 끌어들이는 것이 아니라, 기도하는 자의 마음을 열 수 있도록 하나님께 엎드리는 것을 말합니다. 주님과 일치하기 위해서는 우리가 기도할 사람들에 대한 주님의 마음을 붙잡지 않으면 안 됩니다. 중보하는 일을 열심히 배우십시다. 그러면 예수 그리스도가 우리를 중보자로 인정해 주시고, 크게 기뻐하실 것입니다.

도입을 위한 질문

❶ 최근 당신의 기도생활에 있어서 장·단점을 평가해 보십시오.

❷ 위의 글을 읽고 당신이 중보기도해야 할 대상을 추가해 보십시오.

본문 질문

❶ 바울은 먼저 누구를 위해서 기도하라고 명합니까?(1–2절) 기도를 몇 가지로 표현하고 있습니까?

*간구 [deeseis]: 긴박한 상황에 놓인 개인이나 회중이 하나님께 호소하는 것
*기도 [proseuke]: 성도가 하나님께 교통하며 기원하는 모든 행위
*도고 [enteukseis]: 타인을 위한 중보기도
*감사 [eukaristis]: 기도의 일종으로써 하나님의 은혜를 생각하며 감사로 드리는 기도

❷ 특별히 임금들과 높은 지위에 있는 모든 사람을 위해서 기도해야 하는 이유는 무엇 때문입니까?(2절)

❸ 당신은 기도할 때 주로 누구를 위해서 기도합니까? 그리고 어느 범위까지 기도합니까? 우리는 어느 영역까지 기도해야 할까요? 조직적으로, 계속적으로 기도하기 위해서는 어떤 자세가 필요할까요?

❹ 우리가 모든 사람을 위해서 기도할 때 하나님께서는 어떻게 여기십니까?(3절)

*받으실 만하다 [apodekomai]: 기쁘게 받아들이다

❺ 진리를 알지 못하고 방황하는 영혼들을 향한 하나님의 일관된 태도는 무엇입니까?(4절)

*진리 [aletheia]: 완전한 지식, 딤전 1:10에서 언급한 바른 교훈을 의미함. 참된 진리

❻ 바울은 예수님을 어떤 분으로 소개하고 있습니까?(5-6절)

*대속물 [antilutros]: 대신 죽어주는 몸값. 채무 때문에 팔려간 노예를 대신하여 채무를 갚아 주고, 그 노예를 해방시켜주는 행실. 그리스도가 죽으심으로 죄와 사망의 노예에서 죄인들을 해방시켜 주심
*기약이 이르러 주신 증거니라: 적절한 때에 중보자 예수와 구속사역을 증거하도록 바울이 부름 받았다는 의미

❼ 다음 글을 읽고, 5-6절이 등장하는 이유를 살펴보십시오.

> "하나님은 한 분이시요 또 하나님과 사람 사이에 중보도 한 분이시니 곧 사람이신 그리스도 예수라"(5절). 우리가 이렇게 기도할 수 있는, 즉 중보기도의 사역을 할 수 있는 근거가 무엇입니까? 바로 예수님입니다. 예수님의 십자가입니다. 그리스도의 십자가가 없이는 아무도 이 중보 사역의 특권을 누릴 수가 없습니다. 그리스도인의 기도와 모든 이방인의 기도를 다르게 만드는 것 역시 그리스도의 십자가입니다. 그리스도인의 기도에 있는 그 엄청난 능력과 특권, 그것은 십자가로 인한 것입니다. 십자가 때문에 우리는 하나님 앞에 담대하게 설 수 있고, 살아계신 하나님과 교제할 수 있고, 기도할 수 있습니다. 바울 사도는, 예수님의 십자가야말로 우리의 중보 사역의 가장 중요한 근거가 된다는 사실을 강조하기 위해 기도에 대한 이야기를 하다가 예수님께로 시선을 돌린 것입니다.
>
> 『이렇게 생각하라』, 이동원, 나침반

❽ 바울은 자신이 어느 영역에서 부름 받았다고 선언합니까?(7절) 특별히 누구의 스승이 되었습니까?

❾ 바울이 여성들에게 하나님을 예배하는 자로서 요청하는 바를 정리해 보십시오.

절	내 용
9	· 단정하게 옷입기 · 소박함과 정절로써 자신을 단장하기 · 땋은머리와 금이나 진수나 값진 옷으로 하지 말기(분수에 넘치는 사치를 금함)
10	*
11	일체 순종함으로 조용히 배우기
12	*
15	정숙함, 믿음과 사랑과 거룩함에 거하기

*주: 이 본문은 남녀의 인격적 동등성과 존엄성을 전제로 살펴보아야 한다. 당시 시대 상황과 사회·문화적 상황에서 여성이 교회 공예배를 주관하는 것을 바울이 허락지 않은 것으로 이해해야 한다. 일부 학자는 12절에서 '남자'를 남편으로 해석하고, 한 가정에서 아내가 남편을 훈계의 대상으로 보는 것을 금한 것으로 이해하기도 한다.

더 깊은 연구와 묵상을 위하여

❶ 당신은 주로 언제, 누구를 위해서 기도합니까? 정규적으로 기도하는 시간을 정하고, 기도 노트에 기도하는 사람들의 명단을 적으면서 기도하는 것이 왜 중요한지 생각해보십시오.

❷ 당신은 진리를 알지 못하고 방황하는 영혼들을 전도하기 위해서 어떤 결정과 행동을 취하고 있습니까? 당신이 앞으로 6개월 내에 복음을 제시할 영혼들을 세 사람 내외로 기록하고 그들을 위해서 간절히 기도하는 시간을 가지시기 바랍니다.

적용을 위한 글

예수님께서 우리 죄를 위해 십자가에서 죽으심은 두 가지 사역을 우리에게 제시합니다. 첫째로 중보기도를 하는 사역입니다. 예수님께서 하나님과 사람 사이에 죄를 사하는 중보의 길을 여심으로 예수님의 이름으로 이웃을 위한 중보기도를 드릴 수 있습니다. 둘째로 우리는 잃어버린 영혼들을 주님께로 인도하는 영혼 구원의 안내 사역을 할 수 있습니다. 천국에서는 절대로 할 수 없는 사역이 전도사역입니다. 바울 사도는 자신이 전파하는 자요 사도요 이방인의 스승으로 부름 받았노라고 선포합니다. 그렇다면 당신은 어떤 영역에서 부름받았습니까? 어떻게 기도하겠습니까?

적용 및 결단을 위한 질문

❶ 기도를 지속적으로 잘 할 수 있는 방법 중에 하나는 정기적으로 기도회에 참석하는 것입니다. 당신은 어떤 기도회에 정기적으로 참석하고 있습니까?

❷ 기도가 필요한 사람들을 기록해 보고 지금 간절히 기도하십시오.

04 선한 일을 사모하라

본문 디모데전서 3장 1–16절

외울말씀 미쁘다 이 말이여, 곧 사람이 감독의 직분을 얻으려 함은 선한 일을 사모하는 것이라 함이로다 (1절)

1미쁘다 이 말이여, 곧 사람이 감독의 직분을 얻으려 함은 선한 일을 사모하는 것이라 함
이로다 2그러므로 감독은 책망할 것이 없으며 한 아내의 남편이 되며 절제하며 신중하며
단정하며 나그네를 대접하며 가르치기를 잘하며 3술을 즐기지 아니하며 구타하지 아니
하며 오직 관용하며 다투지 아니하며 돈을 사랑하지 아니하며 4자기 집을 잘 다스려 자
녀들로 모든 공손함으로 복종하게 하는 자라야 할지며 5(사람이 자기 집을 다스릴 줄 알
지 못하면 어찌 하나님의 교회를 돌보리요) 6새로 입교한 자도 말지니 교만하여져서 마귀
를 정죄하는 그 정죄에 빠질까 함이요 7또한 외인에게서도 선한 증거를 얻은 자라야 할
지니 비방과 마귀의 올무에 빠질까 염려하라 8이와 같이 집사들도 정중하고 일구이언을
하지 아니하고 술에 인박히지 아니하고 더러운 이를 탐하지 아니하고 9깨끗한 양심에 믿
음의 비밀을 가진 자라야 할지니 10이에 이 사람들을 먼저 시험하여 보고 그 후에 책망할
것이 없으면 집사의 직분을 맡게 할 것이요 11여자들도 이와 같이 정숙하고 모함하지 아
니하며 절제하며 모든 일에 충성된 자라야 할지니라 12집사들은 한 아내의 남편이 되어
자녀와 자기 집을 잘 다스리는 자일지니 13집사의 직분을 잘한 자들은 아름다운 지위와
그리스도 예수 안에 있는 믿음에 큰 담력을 얻느니라 14내가 속히 네게 가기를 바라나 이
것을 네게 쓰는 것은 15만일 내가 지체하면 너로 하여금 하나님의 집에서 어떻게 행하여
야 할지를 알게 하려 함이니 이 집은 살아 계신 하나님의 교회요 진리의 기둥과 터니라
16크도다 경건의 비밀이여, 그렇지 않다 하는 이 없도다 그는 육신으로 나타난 바 되시고
영으로 의롭다 하심을 받으시고 천사들에게 보이시고 만국에서 전파되시고 세상에서 믿
은 바 되시고 영광 가운데서 올려지셨느니라

도입을 위한 글

우리 신앙의 선조들 가운데 겉보기에는 초라한 사람들이 있다. 예수를 믿기 전에는 깡패였던 이기풍 목사님은 언젠가 선교사의 뺨을 때렸는데, 조금도 흔들림 없는 평안한 그의 모습을 보고 예수님을 영접하였다. 이후 신학을 공부하여 제주도에 처음으로 선교사로서 파송되었고, 마지막에는 순교의 제물로 바쳐졌다. 또한 손양원 목사님을 만난 사람들은 세 번 놀랐다고 한다. 첫 번째는 그의 키가 너무 작아 설교단에 가려질 정도여서 놀라고, 두 번째로는 그 작은 키에 비해 우렁찬 목소리에 놀라고, 세 번째는 그 은혜로운 말씀에 놀란다는 것이다. 그분이 언젠가 강사로 초빙되어 갔는데 목사님의 행색이 너무 초라하여 기차역에 마중 나온 사람들이 아무도 손양원 목사님을 알아보지 못했다고 한다. 주님께서는 우리 각자를 향해 놀라운 계획을 가지고 계신다. 이기풍 목사님과 손양원 목사님을 부르셨듯이, 우리의 인생 역시 하나님이 원하시는 멋진 인생으로 부르셨다.

『홍정길 목사의 301 가지 감동스토리 I』, 홍정길, 프리셉트

도입을 위한 질문

❶ 당신은 어렸을 때 장차 어떤 인물이 되기를 소망했습니까?

❷ 당신은 기독교 기관 또는 교회 등에서 지도자와의 관계로 인해 고통을 겪은 적이 있습니까? 무슨 이유 때문입니까?

본문 질문

■ **감독의 자격 (3:1-7)** ■

❶ 기독교 단체에서 감독이 될 사람이 가져야 할 마음가짐은 무엇입니까?(1절)

*감독 [episkopos]: '위'를 의미하는 [epi]와 '돌보다'를 의미하는 [Skopos]의 합성어로서, '위에서 성도들을 돌보는 자'를 의미한다

❷ 지도자가 가져야 할 모습을 인격적 면모와 사역적 영역으로 나누어 기술해 보십시오(2-4절).

절	인격적 면모	사역적 영역
2	· 책망할 것이 없음 · 한 아내의 남편이 됨 · 절제, 신중, 단정함	· 나그네를 잘 접대함 · 가르치기를 잘함
3		
4		

❸ 지도자로 세워져서는 안 되는 인물은 어떤 사람입니까?(6절) 왜 그럴까요?

❹ 기독교 지도자는 왜 기독교 세계 밖에서도 인정받는 인물이어야 할까요?(7절)

■ 집사의 자격 (3:8-13) ■

❺ 교회와 성도를 섬기는 집사는 어떤 인격적 자질을 함양해야 합니까? 집사로 세울 때 어떤 절차가 필요합니까?

절	집사의 자질
8	
9 상	
12	

절	집사를 세우는 절차
9 하	

*집사 [diakonos]: 본래 종 또는 시중드는 사람을 의미하며, 교회를 섬기는 자 또는 봉사하는 자의 의미로 발전되었다

❻ 여성 집사들에게는 어떤 성품이 더 필요할까요?(11절) 왜 이 부분을 더 강조한다고 생각합니까?

❼ 집사의 직분을 잘 감당할 때 얻는 두 가지 유익은 무엇입니까?(13절)

■ **서신의 목적** ■

❽ 바울이 이 서신을 쓴 목적은 무엇입니까?(14-16절)

*지체: 바울 사도는 1차로 로마 감옥에서 풀려난 후, 소아시아 반도의 교회 등을 돌보고 있었다. 하지만 그리스 반도 북부 지역인 마게도냐 지역의 교회를 돌아볼 필요가 있어서 먼저 디모데를 에베소교회에 전적 배치하여 목양하도록 하였고, 본인이 여행 중 지체할 수밖에 없게 되자 디모데에게 서신을 띄워서 목회상 중요사항을 부탁하게 된 것이다

❾ 16절은 당시 에베소교회가 불렀던 찬송의 가사로 여겨지고 있습니다. 9절에서 '믿음의 일'로 표현된 '믿음'이, 16절에서는 '경건'으로 번역되었습니다. 이 두 단어는 헬라어로 'eusebeia'인데, '하나님을 향해 존경과 경외의 마음을 드리는 것'을 의미합니다. 경건의 비밀이란 구체적으로 무엇입니까?(16절)

더 깊은 연구와 묵상을 위하여

❶ 성경이 감독의 자격과 집사의 자격을 자세히 규정짓는 이유는 무엇일까요? 어느 시대, 어느 교회, 어느 단체든지 지도자가 왜 중요할까요?

❷ 당신이 속한 교회나 기독교 단체에서 지도자를 훈련하고 양성하는 코스, 그리고 선발하는 기준은 무엇입니까? 당신은 지도자들과 미래의 지도자들을 위해서 어떻게 기도하고 있습니까?

적용을 위한 글

청소년 시절 친구 집에 놀러 가면 친구 부모님들이 묻는 질문이 있었습니다. '너는 어디 사니?', '너의 부모님들은 무슨 일을 하시니?', '너는 커서 뭐가 되고 싶니?' 등등. 사람들은 '무엇을 하니?'에 관심이 많습니다. '우리가 무엇을 하느냐', '얼마나 위대한 일을 하느냐', '얼마나 훌륭한 직책을 수행하느냐'도 중요하지만, 더 중요한 것은 우리의 인격입니다. 교회에서 지도력을 세우는 것은 세상에서 투표로 지도력을 선출하는 것과는 판이하게 다릅니다. 먼저 교회는 지도력을 발휘할 사람들이 성경이 요구하는 인격적·사역적 자질을 함양하도록 훈련의 기회를 제공하고, 이 훈련을 통해 미래 지도력은 충분히 자라갈 수 있어야 합니다. 지도력의 훈련과정과 선발기준이 엄격하면 엄격할수록 교회의 건강도는 높아집니다. 당신은 삶의 현장에서 어떻게 지도력의 훈련을 감당하고 있습니까?

적용 및 결단을 위한 질문

❶ 세상이 요구하는 지도자의 요건과 성경이 요구하는 지도자의 요건 중 가장 큰 차이점은 무엇일까요?

❷ 당신이 당신의 교회에서 지도자가 된다면, 어떤 면을 더 면밀히 준비해야 할까요?

05 신앙의 진보

본문 디모데전서 4장 1–16절

외울말씀 이 모든 일에 전심 전력하여 너의 성숙함을 모든 사람에게 나타나게 하라 (15절)

1그러나 성령이 밝히 말씀하시기를 후일에 어떤 사람들이 믿음에서 떠나 미혹하는 영과
귀신의 가르침을 따르리라 하셨으니 2자기 양심이 화인을 맞아서 외식함으로 거짓말하는
자들이라 3혼인을 금하고 어떤 음식물은 먹지 말라고 할 터이나 음식물은 하나님이 지으
신 바니 믿는 자들과 진리를 아는 자들이 감사함으로 받을 것이니라 4하나님께서 지으신
모든 것이 선하매 감사함으로 받으면 버릴 것이 없나니 5하나님의 말씀과 기도로 거룩하
여짐이라 6네가 이것으로 형제를 깨우치면 그리스도 예수의 좋은 일꾼이 되어 믿음의 말
씀과 네가 따르는 좋은 교훈으로 양육을 받으리라 7망령되고 허탄한 신화를 버리고 경건
에 이르도록 네 자신을 연단하라 8육체의 연단은 약간의 유익이 있으나 경건은 범사에
유익하니 금생과 내생에 약속이 있느니라 9미쁘다 이 말이여 모든 사람들이 받을 만하도
다 10이를 위하여 우리가 수고하고 힘쓰는 것은 우리 소망을 살아 계신 하나님께 둠이니
곧 모든 사람 특히 믿는 자들의 구주시라 11너는 이것들을 명하고 가르치라 12누구든지 네
연소함을 업신여기지 못하게 하고 오직 말과 행실과 사랑과 믿음과 정절에 있어서 믿는
자에게 본이 되어 13내가 이를 때까지 읽는 것과 권하는 것과 가르치는 것에 전념하라 14
네 속에 있는 은사 곧 장로의 회에서 안수 받을 때에 예언을 통하여 받은 것을 가볍게 여
기지 말며 15이 모든 일에 전심 전력하여 너의 성숙함을 모든 사람에게 나타나게 하라 16
네가 네 자신과 가르침을 살펴 이 일을 계속하라 이것을 행함으로 네 자신과 네게 듣는
자를 구원하리라

도입을 위한 글

영국의 유명한 희극 배우 중에 '찰리 채플린'이라는 사람이 있습니다. 그는 어느 날, 지방을 여행하던 중 한 광고문을 보게 되었습니다. 다름 아닌 "찰리 채플린 흉내내기 경연대회"였습니다. '아니! 나를 흉내내는 대회가 있다니. 그냥 지나칠 수 없지.' 그는 "찰리 채플린 흉내내기 경연대회"에 도전장을 냈습니다. 찰리 채플린은 자신을 흉내내기 위해 모인 수십 명의 사람들과 더불어 대회에 참여했습니다. 참가자 모두 특이한 콧수염에 실크로 된 영국 신사 모자를 쓰고 모닝코트를 입은 채 가느다란 지팡이를 짚고 걸어 다니면서 진짜 찰리 채플린을 연출해 냈습니다. 독특한 개성으로 걸어 다니는 그의 모습을 모두가 흉내낸 것입니다. 그런데 그가 참여한 경연대회의 결과는 어떠했을까요? 놀랍게도 진짜 채플린은 입상도 하지 못했습니다. 얼마나 가짜가 진짜처럼 연기를 했던지 진짜가 떨어져 버린 것입니다.

『파워리더 여호수아 묵상편 새벽 40일』, 김경섭, 프리셉트

이 시대에는 이와 같이 가짜이지만 진짜처럼 행세하는 상품들이 가득합니다. 우리는 가짜의 홍수 속에서 살아가고 있습니다. 문제는 진리만을 추구해야 할 기독교 세계 속에도 가짜들이 상존한다는 사실입니다. 거짓 교훈과 이단들이 더 이상 교회에서 감히 할거(割據)하지 못하도록 하기 위해서는 우리 자신이, 그리고 교회 지도층이 진리 위에 확고히 서야 할 것입니다.

도입을 위한 질문

❶ 당신은 이단의 교리와 이단에 속한 성도의 삶에 대해 어느 정도 알고 있습니까?

❷ 이단을 물리치기 위해서 성도들은 어떤 준비가 필요할까요?

본문 질문

■ 거짓된 가르침과 미혹의 영 (1–5절) ■

❶ 성령께서 바울 사도에게 명백하게 경고하신 말씀은 무엇입니까?(1절)

*후일에 [husteros kairos]: 말세를 의미함. 좁게는 가까운 장래를 의미하며, 넓게는 예수님의 초림에서 재림에 이르는 기간을 의미함

❷ 거짓된 교사는 어떤 사람일까요?(2절) 이들은 구체적으로 무엇을 가르칩니까?(3절)

❸ 그 행실이 지극히 영적으로 보이는 사항들이 왜 거짓 가르침이 될까요?(3-4절) 진정한 의미에서 영적인 거룩은 무엇으로 이루어집니까?(5절)

❹ 다음 글을 읽고, 금욕주의와 영적인 거룩의 차이점을 기록해 보십시오.

> 앙드레 지드가 쓴 '좁은 문'을 보면, 두 남녀가 만나서 사랑을 합니다. 그러나 이들의 배경은 프랑스의 천주교입니다. 이들은 서로 사랑하고 행복해 하는 것은 경건치 못하다고 생각하는 것입니다. 그래서 서로 사랑함에도 불구하고 하나님을 더 사랑해야 하기 때문에 헤어져야 하고, 또 그렇게 병들어 죽는 것이 경건한 것이라고 생각하는 것입니다. 또 어떤 사람은 너무 거룩해지기 위해서 먹는 것이나 입는 것을 극단적으로 피하고 거의 굶어 죽다시피 하면서 하나님 앞에서 거룩해지려고 몸부림을 치는 경우도 있습니다.
>
> 『아름다운 교회 생활』, 김서택, 솔로몬

❺ 거짓 가르침과 이단의 영이 성도들을 미혹하지 못하도록 형제들을 깨우는 일이 예수의 좋은 일꾼들이 해야 할 중요한 과제입니다. 이를 위해서 당신이 먼저 준비해야 할 영역은 무엇입니까?(6절)

❻ 하나님의 사람들이 경건한 삶을 영위하기 위해서 어떤 결단이 필요합니까?(7절)

❼ 경건은 범사에 유익하니 금생과 내생에 약속(소중하고 영원한 축복의 약속)이 있다는 이 말씀은 모든 사람들이 받을 만합니다(8-9절). 육체의 연습과 경건의 연습은 어떻게 다릅니까?(7-8절)

*연습하다 [gumnazo]: 운동경기에 출전하기 위해 옷을 벗고 연습하다

❽ 주의 좋은 일꾼이 수고하고 애쓰는 이유가 무엇입니까?(9-11절)

❾ 에베소교회의 지도자로서, 디모데에게는 어떤 약점이 있습니까?(12절)

❿ 디모데는 에베소교회의 지도자로서, 어떤 노력을 경주해야 합니까?(13–16절)

더 깊은 연구와 묵상을 위하여

❶ 거짓 가르침이 언급될 때 여러분은 지나치게 관용하는 경향이 있는 사람들을 떠올립니까 아니면, 지나치게 엄격한 사람들을 떠올립니까? 본문에서 등장하는 거짓선생들은 어느 편에 속한 자들입니까?

❷ 디모데는 가르침의 은사가 있었고, 디모데의 주된 사역은 성경을 가르치는 일이었습니다. 당신의 은사는 무엇입니까? 당신은 교회를 위해 당신의 은사를 어떻게 사용하고 있습니까?

적용을 위한 글

어느 시대나 기독교가 가는 곳에 이단들이 발호하였습니다. 초대교회 당시에는 두 가지 금욕주의가 있었습니다. 첫째는 영지주의적 금욕주의입니다. 이는 육체적 쾌락을 무조건 죄로 규정짓고 일체의 혼인을 금한 것입니다. 둘째는 유대적 금욕주의입니다. 구약의 율법 중 레위기의 의식법에 따라 부정하다고 규정한 짐승에 대해 일체의 육식을 모든 이방인에게 조차 금지토록 한 것입니다. 레위기를 비롯한 구약의 의식법(儀式法)은 그 법이 예표하는 예수님의 초림으로 이미 성취되었고, 그 법의 영적 교훈과 의미는 예수님의 가르침으로 계승되었기 때문에 이미 폐기된 것입니다(히 8:13). 따라서 교회의 지도자들은 자신의 주장이 아닌 하나님의 말씀을 깊이 이해하고 바로 해석해서 양무리를 가르쳐야 합니다. 또한 지도자들은 자신의 삶으로 본을 보임으로써 성도들이 기쁨으로 경건한 생활에 힘쓰도록 도와야 할 것입니다. 한편 말씀을 가르칠 때에는 중단없이 계속적으로 가르치되, 자신의 인간적 권위를 앞세우지 않고 하나님 말씀의 권위를 나타내어 성도들이 말씀에 순종하도록 도와야 합니다.

적용 및 결단을 위한 질문

❶ 오늘날 한국교회를 위협하는 이단들의 교리와 침투방법 등을 나누어 보고, 이러한 이단 등에 대한 대처 방안을 강구해 보십시오.

❷ 하나님이 맡겨주신 교회의 직분을 이루기 위해 당신에게 필요한 것은 무엇입니까?

06 하나님의 백성들을 존경하라

| 본문 디모데전서 5장 1–25절

| 외울말씀 잘 다스리는 장로들은 배나 존경할 자로 알되 말씀과 가르침에 수고하는 이들에게는 더욱 그리할 것이니라 (17절)

1늙은이를 꾸짖지 말고 권하되 아버지에게 하듯 하며 젊은이에게는 형제에게 하듯 하고
2늙은 여자에게는 어머니에게 하듯 하며 젊은 여자에게는 온전히 깨끗함으로 자매에게
하듯 하라 3참 과부인 과부를 존대하라 4만일 어떤 과부에게 자녀나 손자들이 있거든 그
들로 먼저 자기 집에서 효를 행하여 부모에게 보답하기를 배우게 하라 이것이 하나님 앞
에 받으실 만한 것이니라 5참 과부로서 외로운 자는 하나님께 소망을 두어 주야로 항상
간구와 기도를 하거니와 6향락을 좋아하는 자는 살았으나 죽었느니라 7네가 또한 이것을
명하여 그들로 책망 받을 것이 없게 하라 8누구든지 자기 친족 특히 자기 가족을 돌보지
아니하면 믿음을 배반한 자요 불신자보다 더 악한 자니라 9과부로 명부에 올릴 자는 나
이가 육십이 덜 되지 아니하고 한 남편의 아내였던 자로서 10선한 행실의 증거가 있어 혹
은 자녀를 양육하며 혹은 나그네를 대접하며 혹은 성도들의 발을 씻으며 혹은 환난 당한
자들을 구제하며 혹은 모든 선한 일을 행한 자라야 할 것이요 11젊은 과부는 올리지 말지
니 이는 정욕으로 그리스도를 배반할 때에 시집 가고자 함이니 12처음 믿음을 저버렸으
므로 정죄를 받느니라 13또 그들은 게으름을 익혀 집집으로 돌아 다니고 게으를 뿐 아니
라 쓸데없는 말을 하며 일을 만들며 마땅히 아니할 말을 하나니 14그러므로 젊은이는 시
집 가서 아이를 낳고 집을 다스리고 대적에게 비방할 기회를 조금도 주지 말기를 원하노
라 15이미 사탄에게 돌아간 자들도 있도다 16만일 믿는 여자에게 과부 친척이 있거든 자
기가 도와 주고 교회가 짐지지 않게 하라 이는 참 과부를 도와 주게 하려 함이라 17잘 다
스리는 장로들은 배나 존경할 자로 알되 말씀과 가르침에 수고하는 이들에게는 더욱 그
리할 것이니라 18성경에 일렀으되 곡식을 밟아 떠는 소의 입에 망을 씌우지 말라 하였고
또 일꾼이 그 삯을 받는 것은 마땅하다 하였느니라 19장로에 대한 고발은 두세 증인이 없

으면 받지 말 것이요 [20]범죄한 자들을 모든 사람 앞에서 꾸짖어 나머지 사람들로 두려워
하게 하라 [21]하나님과 그리스도 예수와 택하심을 받은 천사들 앞에서 내가 엄히 명하노
니 너는 편견이 없이 이것들을 지켜 아무 일도 불공평하게 하지 말며 [22]아무에게나 경솔
히 안수하지 말고 다른 사람의 죄에 간섭하지 말며 네 자신을 지켜 정결하게 하라 [23]이제
부터는 물만 마시지 말고 네 위장과 자주 나는 병을 위하여는 포도주를 조금씩 쓰라 [24]어
떤 사람들의 죄는 밝히 드러나 먼저 심판에 나아가고 어떤 사람들의 죄는 그 뒤를 따르
나니 [25]이와 같이 선행도 밝히 드러나고 그렇지 아니한 것도 숨길 수 없느니라

도입을 위한 글

10여 년 동안 보디발의 집에 있었던 그는 쉼없이 자란 사람이었습니다. 그 인품이 자라고, 그의 기능이 연마되고, 무엇보다도 하나님과 관계가 점점 깊어져 갔습니다. 그는 하나님께서 은혜와 복을 주시는 사람이 되어 마지막 단계인 옥에서 생활 훈련을 받습니다. 요셉이 거기서 훈련을 받은 것은 옥의 행정 사무를 잘 맡아보라는 의미가 아닙니다. 옥에 있는 사람들의 마음을 잘 살펴서 훌륭하게 통솔하라는 것이었습니다. 그런 사회에는 특수한 반동심리가 있어서 틈만 있으면 빼겨 보려고 하고 서로 다투려고 합니다. 그런 죄수들도 요셉을 만나면, '요셉도 우리와 같은 죄수다'라는 일종의 동화감을 느낄 수가 있었던 것입니다.

『하나님의 백성』, 김홍전, 성약

도입을 위한 질문

❶ 당신이 긍휼과 자비를 베풀어야 할 대상은 누구라고 생각합니까?

❷ 당신은 구체적으로 어떻게 구제하고 있습니까?

❸ 당신은 당신의 생애에 영향을 미친 스승을 공대하며 찾아뵙고 문안 인사를 드립니까?

본문 질문

■ 과부 등에 대한 예우 ■

❶ 교회에서 어르신들에게 어떻게 대해야 하며, 젊은이들에게는 어떤 태도로 대해야 합니까?(1–2절)

❷ 초대교회 당시 팔레스타인과 소아시아 반도에 사는 사람들의 재산 상속은 주로 남자에게만 해당되었습니다. 따라서 홀로된 과부들은 경제적으로 어려움을 겪었습니다. 초대교회는 이러한 과부들에게 교회 헌금으로 재정지원을 하고 있었기 때문에 이들의 삶과 거취에 대해 교회는 큰 관심을 갖고 있었습니다. 어떤 사람이 '참 과부'로 간주될까요?(5, 9–11절)

*참 과부 [tas ontos keras]: 남편과 사별한 자로서, 자신을 돌보아 줄 가족이 없는 외로운 자

❸ '참 과부'에 대해서 교회와 성도는 어떻게 대해야 합니까?(3절)

❹ '참 과부' 명부에 들어가지 않는 자는 어떤 자입니까?(8, 11, 16절)

❺ 경건치 못한 과부는 어떤 사람입니까?(5, 6, 11–13절) 경건치 못한 과부에게는 어떻게 권면해야 합니까?(7절)

❻ 젊은 과부들이 '참 과부'의 혜택을 누리게 될 때 어떤 악영향이 나타날 수 있습니까?(12–13절)

■ 장로를 대하는 태도 (5:17–25) ■

❼ 장로는 어떤 직무를 해야 하며, 이들에게 어떻게 예우해야 합니까? (17–18절)

❽ 19–20절은 장로들의 죄 문제를 언급하고 있습니다. 장로들의 송사에 대해서는 어떻게 취급해야 하며, 그 이유는 무엇입니까?

❾ 디모데는 고질적인 질병으로 정상인들이 마시는 물을 마실 때 건강에 문제가 생겼습니다. 바울 사도는 건강관리에 대해 어떤 교훈을 주고 있습니까? (23절) 교회 지도자들은 사역이 주는 긴장감 때문에 건강에 어려움을 겪기도 합니다. 당신이 리더로 섬기면서 겪었던 어려움이 있다면 나눠보십시오.

❿ 교회는 교회의 직분자를 임명하기에 앞서 최소한 어떤 과정을 거쳐야 합니까?(24-25절)

더 깊은 연구와 묵상을 위하여

❶ 현대 교회는 성도들에게 상처를 주지 않고, 분란을 일으키지 않으려고 권징을 거의 실시하지 않고 있습니다. 성경은 이 부분에 대해 어떤 입장을 취하고 있습니까?(19-20절)

❷ 지도자들은 사역의 압박과 인간관계의 스트레스로 인해서 정신적·육체적 질병에 노출되기 쉽습니다. 당신이 속한 영적 공동체의 지도자들을 도울 방법을 생각해보십시오.

적용을 위한 글

초대교회에서는 '참 과부'제도가 있었습니다. 나이가 60세 이상 된 이들 중에서 평생 주님의 나라를 위해 기도하고 사역하기로 서약한 이들을 '참 과부'로 임명하여 이들에게 일정한 생활비를 지급한 것입니다. 바울 사도는 이 제도가 남용되지 않도록 특별히 경계하였습니다. 첫째, 만약 과부에게 믿는 친척이 있거든 먼저 친척이 홀로된 여인을 돌보라는 것입니다(16절). 둘째, 젊은 여인을 임명하지 말라는 것입니다. 왜냐하면 추후 결혼을 하고자 할 경우 서약을 지킬 수 없기 때문입니다(11절). 셋째, 선한 행실의 증거가 있어야 한다는 것입니다(10절). 이러한 제한은 '참 과부' 제도에 해당되는 이들이 기도와 사역에 전념하도록 돕고, '참 과부'가 아닌 자들은 시험에 들지 않게 하려는 의도였습니다. 한편 바울 사도는 교회 지도자들에 대해서 일정한 예우를 할 것을 권면합니다. 첫째, 잘 다스리는 장로를 배나 존경하고 말씀과 가르침에 수고하는 이들을 특히 존경하라고 명합니다(17절). 둘째, 장로에 대한 송사는 두 세 증인없이는 받지 말라고 권면합니다. 이는 지도자들이 공대받음으로써, 교회의 영적 질서에 혼란을 방지할 수 있기 때문입니다. 그러나 불가피하게 지도자들의 잘못이 발견될 경우에는 엄히 징계하여 모든 성도들에게 경각심을 일깨워야 할 것을 말했습니다(딤전 5:20).

적용 및 결단을 위한 질문

❶ 당신은 직장과 생업에서 은퇴한 이후, 노년의 시기를 어떻게 보내고 싶습니까?

❷ 교회의 연장자들과 지도자들을 바울 사도의 가르침대로 섬기며 실행함이 복음과 어떤 관계가 있을까요?

07 믿음의 선한 싸움을 싸우라

본문 디모데전서 6장 1-21절

외울말씀 오직 너 하나님의 사람아 이것들을 피하고 의와 경건과 믿음과 사랑과 인내와 온유를 따르며 믿음의 선한 싸움을 싸우라 영생을 취하라 이를 위하여 네가 부르심을 받았고 많은 증인 앞에서 선한 증언을 하였도다 (11-12절)

1무릇 멍에 아래에 있는 종들은 자기 상전들을 범사에 마땅히 공경할 자로 알지니 이는
하나님의 이름과 교훈으로 비방을 받지 않게 하려 함이라 2믿는 상전이 있는 자들은 그
상전을 형제라고 가볍게 여기지 말고 더 잘 섬기게 하라 이는 유익을 받는 자들이 믿는
자요 사랑을 받는 자임이라 너는 이것들을 가르치고 권하라 3누구든지 다른 교훈을 하
며 바른 말 곧 우리 주 예수 그리스도의 말씀과 경건에 관한 교훈을 따르지 아니하면 4그
는 교만하여 아무 것도 알지 못하고 변론과 언쟁을 좋아하는 자니 이로써 투기와 분쟁과
비방과 악한 생각이 나며 5마음이 부패하여지고 진리를 잃어 버려 경건을 이익의 방도로
생각하는 자들의 다툼이 일어나느니라 6그러나 자족하는 마음이 있으면 경건은 큰 이익
이 되느니라 7우리가 세상에 아무 것도 가지고 온 것이 없으매 또한 아무 것도 가지고 가
지 못하리니 8우리가 먹을 것과 입을 것이 있은즉 족한 줄로 알 것이니라 9부하려 하는
자들은 시험과 올무와 여러 가지 어리석고 해로운 욕심에 떨어지나니 곧 사람으로 파멸
과 멸망에 빠지게 하는 것이라 10돈을 사랑함이 일만 악의 뿌리가 되나니 이것을 탐내는
자들은 미혹을 받아 믿음에서 떠나 많은 근심으로써 자기를 찔렀도다 11오직 너 하나님
의 사람아 이것들을 피하고 의와 경건과 믿음과 사랑과 인내와 온유를 따르며 12믿음의
선한 싸움을 싸우라 영생을 취하라 이를 위하여 네가 부르심을 받았고 많은 증인 앞에서
선한 증언을 하였도다 13만물을 살게 하신 하나님 앞과 본디오 빌라도를 향하여 선한 증
언을 하신 그리스도 예수 앞에서 내가 너를 명하노니 14우리 주 예수 그리스도께서 나타
나실 때까지 흠도 없고 책망 받을 것도 없이 이 명령을 지키라 15기약이 이르면 하나님이
그의 나타나심을 보이시리니 하나님은 복되시고 유일하신 주권자이시며 만왕의 왕이시
며 만주의 주시요 16오직 그에게만 죽지 아니함이 있고 가까이 가지 못할 빛에 거하시고

어떤 사람도 보지 못하였고 또 볼 수 없는 이시니 그에게 존귀와 영원한 권능을 돌릴지
어다 아멘 [17]네가 이 세대에서 부한 자들을 명하여 마음을 높이지 말고 정함이 없는 재물
에 소망을 두지 말고 오직 우리에게 모든 것을 후히 주사 누리게 하시는 하나님께 두며
[18]선을 행하고 선한 사업을 많이 하고 나누어 주기를 좋아하며 너그러운 자가 되게 하라
[19]이것이 장래에 자기를 위하여 좋은 터를 쌓아 참된 생명을 취하는 것이니라 [20]디모데야
망령되고 헛된 말과 거짓된 지식의 반론을 피함으로 네게 부탁한 것을 지키라 [21]이것을
따르는 사람들이 있어 믿음에서 벗어났느니라 은혜가 너희와 함께 있을지어다

도입을 위한 글

죄에 대하여 확실한 결정을 내렸습니까? 지금 당장 우리 속의 죄가 소멸되어야 한다고 결단했습니까? 죄에 대해 이러한 결정을 내리기까지는 오랜 시간이 걸리지만 예수 그리스도께서 세상 죄에 대하여 죽은 것처럼 우리도 죄에 죽어야 한다고 결단하는 것은 우리 삶에 있어 보람된 순간입니다. 죄를 누르거나 피하거나 합리화 시키지 않고 철저히 버리겠다는 이 결정은 다른 사람이 대신해 줄 수 없습니다. 또한 우리의 죄를 인정한다 해도 십자가에 못 박히는 결단(롬 6:6)을 내리지 않으면 안 됩니다. 마음을 가다듬고 하나님과 둘만의 시간을 가지십시오. "주님, 저의 죄가 죽었다는 것을 알 때까지 당신의 죽음에 저를 일치시켜 주십시오." 우리 속에 있는 모든 죄를 멸할 것을 지금 결단하십시오.

도입을 위한 질문

❶ 성경은 돈을 사랑함이 일만 악의 뿌리라고 말씀합니다(10절). 왜 그럴까요?

❷ 오늘날 기독교 안팎에서 전개되는 가르침 중 성경과 다른 교훈(3절)이 있다면 어떤 것입니까?

본문 질문

■ **자족하는 마음 (1–10절)** ■

❶ 종들은 상전을 어떤 자세로 대해야 합니까?(1–2절) 당신은 직장상사 또는 당신을 관할하는 조직의 장을 어떻게 대하고 있습니까?

❷ 거짓 교사들은 진실한 교사에 비해서 어떤 특징을 보여줍니까?(3–5절, 20–21절) 거짓 교사들이 취하고자 하는 궁극적 목적은 무엇입니까?(5절)

❸ 믿는 성도들은 물질에 대해서 어떠한 견해를 가져야 합니까?(6–8절)

*자족 [autarkeia]: 모든 상황에서 완전히 초월하여 심적 평화를 누리는 상태, 자족, 풍족

❹ 세상의 부를 욕심내는 것은 어떤 결과를 초래합니까?(9-10절) 부자가 되려고 하는 것이 어떤 면에서 잘못된 것일까요?(10절)

*시험 [peirasmos]: 죄를 짓도록 충동질하는 유혹 * 올무 [pagis]: 죄의 올가미, 덫

■ **믿음의 선한 싸움을 싸우라 (11-16절)** ■

❺ 하나님의 사람은 어떤 삶을 추구해야 합니까?(11-12절)

*증거하였도다 [homologesas]: '자신이 알고 믿는 바를 고백하였다'를 의미함

❻ 바울 사도는 자신의 권면을 다시 한 번 진지하게 다짐하고 재차 표명하면서 누구 앞에서 명하노라고 밝히고 있습니까?(13-14절) 왜 이런 표현이 필요했을까요?

❼ 15-16절에서 소개되고 있는 하나님은 어떤 하나님이십니까? 하나님에 대하여 상세목록을 작성해 보십시오. 복음의 전사로서 때로 싸울 기력을 상실할 때 우리는 누구를 기억해야 할까요?

■ **참된 소망** ■

❽ 세상 사람들은 어디에 소망을 두고 살아갑니까? 그러나 하나님의 사람들은 누구에게 소망을 두어야 할까요?(17절)

❾ 자신이 소유한 물질을 선한 사업에 사용한 경험이 있다면 나누어 보십시오(18절).

❿ 선을 행하고 선한 사업을 해야 하는 이유는 무엇입니까?(19절)

더 깊은 연구와 묵상을 위하여

❶ 당신은 제물에 대해 어떤 견해를 가지고 있었습니까? 재물의 획득과정, 소유물에 대한 건강한 태도, 재물의 사용방법 등에 대한 견해를 정리해보십시오.

❷ 믿음의 선한 싸움을 싸우기 위해서 당신이 버려야 할 성품(3-5절, 20-21절) 한 가지와 추구해야 할 성품(11-12절) 한 가지는 무엇입니까? 그 이유는 무엇입니까?

적용을 위한 글

바울 사도는 사랑하는 제자요 동역자인 디모데를 향하여 "오직 너 하나님의 사람아"(11절)라고 지칭합니다. '하나님의 사람'이란 예수 그리스도께서 십자가에서 피 뿌림을 통해 구원받은 백성을 지칭하는 축복의 이름입니다. 우리가 하나님의 사람으로서 어떠한 삶을 살아야 할까요? 첫째로 선을 행하고, 선한 사업을 많이 할 뿐만 아니라 선의 영역에서 믿음의 선한 싸움을 싸워야 합니다(12, 18절). 하나님의 백성들은 날마다 말씀 안에서 새로워져야 하며 의와 경건과 믿음과 사랑과 인내와 온유를 따르는 삶을 전투적으로 살아야 합니다. 또한 복음을 증거하기 위해서 세상과 싸우며 자신과 싸워야 합니다. 둘째로 하나님의 백성들은 악한 영역과 대항하여 믿음의 선한 싸움을 싸워야 합니다. 즉 그리스도의 말씀과 경건에 관한 교훈을 따르지 않는 세력과 싸우며 투기와 분쟁, 비방과 악한 생각, 교만과 다른 교훈을 가진 세력과도 피 흘리기까지 영적으로 싸워야 합니다(3-5절). 그때 하나님의 백성들은 자기를 위하여 좋은 터를 쌓아 참된 생명을 취하는 복된 삶을 살아가게 될 것입니다(19절).

적용 및 결단을 위한 질문

❶ 당신은 어떻게 믿음의 선한 싸움을 싸워 왔습니까? 최근 당신의 마음 속에서 갈등하고 싸우는 중요한 이슈는 무엇입니까?

❷ 당신에게 십억 원의 자금이 주어진다면 어떻게 사용하겠습니까?

08 복음을 지키라

본문 디모데후서 1장 1–14절

외울말씀 우리 안에 거하시는 성령으로 말미암아 네게 부탁한 아름다운 것을 지키라 (14절)

1하나님의 뜻으로 말미암아 그리스도 예수 안에 있는 생명의 약속대로 그리스도 예수의
사도 된 바울은 2사랑하는 아들 디모데에게 편지하노니 하나님 아버지와 그리스도 예수
우리 주께로부터 은혜와 긍휼과 평강이 네게 있을지어다 3내가 밤낮 간구하는 가운데 쉬
지 않고 너를 생각하여 청결한 양심으로 조상적부터 섬겨 오는 하나님께 감사하고 4네
눈물을 생각하여 너 보기를 원함은 내 기쁨이 가득하게 하려 함이니 5이는 네 속에 거짓
이 없는 믿음이 있음을 생각함이라 이 믿음은 먼저 네 외조모 로이스와 네 어머니 유니
게 속에 있더니 네 속에도 있는 줄을 확신하노라 6그러므로 내가 나의 안수함으로 네 속
에 있는 하나님의 은사를 다시 불일듯 하게 하기 위하여 너로 생각하게 하노니 7하나님
이 우리에게 주신 것은 두려워하는 마음이 아니요 오직 능력과 사랑과 절제하는 마음이
니 8그러므로 너는 내가 우리 주를 증언함과 또는 주를 위하여 갇힌 자 된 나를 부끄러워
하지 말고 오직 하나님의 능력을 따라 복음과 함께 고난을 받으라 9하나님이 우리를 구원
하사 거룩하신 소명으로 부르심은 우리의 행위대로 하심이 아니요 오직 자기의 뜻과 영
원 전부터 그리스도 예수 안에서 우리에게 주신 은혜대로 하심이라 10이제는 우리 구주
그리스도 예수의 나타나심으로 말미암아 나타났으니 그는 사망을 폐하시고 복음으로써
생명과 썩지 아니할 것을 드러내신지라 11내가 이 복음을 위하여 선포자와 사도와 교사로
세우심을 입었노라 12이로 말미암아 내가 또 이 고난을 받되 부끄러워하지 아니함은 내가
믿는 자를 내가 알고 또한 내가 의탁한 것을 그날까지 그가 능히 지키실 줄을 확신함이라
13너는 그리스도 예수 안에 있는 믿음과 사랑으로써 내게 들은 바 바른 말을 본받아 지키
고 14우리 안에 거하시는 성령으로 말미암아 네게 부탁한 아름다운 것을 지키라

도입을 위한 글

어떤 목사가 고원지대에 주둔하고 있는 연대의 하사에게 물었다. "어떻게 해서 기독교인이 되셨습니까?" "우리 연대가 이집트로 이동하기 전, 우리 중대에는 몰타에서 회심한 한 사병이 있었습니다. 우리는 그 친구를 아주 심하게 다루곤 했지요. 그러던 어느 날 밤, 보초 근무를 끝낸 그는 온몸이 흠뻑 젖어 지친 채로 돌아왔습니다. 그리고 잠자리에 들기 전에 무릎 꿇고 기도하더군요. 그 모습을 본 저는 진흙이 잔뜩 묻은 군화로 그의 머리를 후려갈겼습니다. 하지만 그는 아무 반응도 없이 계속해서 기도만 했습니다. 다음날 아침, 잠에서 깨어 보니 군화가 깨끗하게 닦여져 침대 곁에 놓여 있었습니다. 저의 행동에 대한 그 사병의 대답이었던 것입니다. 바로 그날이 제가 구원받은 날이었습니다." 우리가 핍박과 비난을 받게 될 때 어떻게 반응하느냐에 따라 복음이 촉진될 수도 있고, 움츠러들게 할 수도 있다.

『교회사에서 골라낸 1,882가지 신앙이야기』, 기독교문사

도입을 위한 질문

❶ 세상 사람들로부터 핍박을 받은 경험이 있습니까? 그때 어떤 감정을 느꼈습니까? 어떻게 그 핍박에 대처했습니까?

❷ 당신이 신앙을 갖기까지 영향을 미친 사람들은 누구입니까?

본문 질문

❶ 바울 사도가 디모데를 언급함에 있어서 어떤 수식어를 사용합니까?(2절) 이는 바울 사도와 디모데가 어떤 관계에 있음을 시사해 줍니까?

❷ 디모데가 가진 신앙적 특성은 무엇이었습니까?(5절) 이 특성은 어떻게 형성되었습니까? 당신은 당신의 친인척들에게 어떤 인물로 인식되고 있습니까?

❸ 하나님께서 디모데에게 주지 않으신 은사와 주신 은사는 무엇입니까?(7절)

❹ 바울 사도는 믿음 안에서 아들같이 사랑했던 디모데가 어떻게 은사를 사용하기를 소망했습니까?(6절)

*불일듯하게 하다 [anazopureo]: 계속해서 불꽃이 타오르게 하다, 계속해서 불꽃을 보존하다

❺ 바울 사도는 디모데에게 주님을 섬기는 삶에 있어서 치루어야 할 대가를 어떻게 표현하고 있습니까?(8절)

❻ 디모데가 복음과 복음증거자 바울을 부끄러워해서는 안 되는 이유는 무엇입니까?(7-8절, 12절)

❼ 본문에 표현된 말을 사용하여 '복음'을 설명해 보십시오(9-10절).

*나타나심(10절) [epiphaneia]: 일반적으로 성경에서 예수님의 초림, 즉 성육신 사건을 의미할 때 사용됨

❽ 복음이 효과적으로 증거되기 위해서 하나님이 세우신 직분은 무엇입니까?
(11절)

❾ 성도들이 힘써 지켜야 할 것은 무엇입니까?(13-14절)

*지키다 [phulasso]: 수호하다, 보존하다, 가지고 있는 것을 잃어버리거나 훼손하지 않도록 간수하고 간직하다

더 깊은 연구와 묵상을 위하여

❶ 이 글을 읽고, 바울과 디모데의 관계를 보여주는 상징어들을 기록하십시오.

❷ 당신의 바울은 누구입니까? 그리고 당신의 디모데는 누구입니까?

적용을 위한 글

혹 저의 심장과 마음의 상상력을 사로잡아 끄는 성경이 있다면, 그것은 바로 디모데후서입니다. 디모데후서를 읽을 때마다 저의 영혼은 한없이 감동됩니다. 그 진리의 정곡을 찌르는 예리함이 제 심령의 뜨거운 등불을 헤집을 때, 열망은 불길처럼 일어납니다. 그리스도의 고난에 참예하고자 하는 불타는 소원, 주의 은혜 속에서 강하기를 바라는 마음, 고난을 인내하고 제가 배워온 진리 안에서 계속 거하고자 하는 소원, 말씀을 증거하고 선한 싸움을 싸우고자 하며 저의 생명으로 복음을 수호하고자 하는 불타는 소원이 일어납니다. 저는 축축하고 어두운 감옥에서, 사랑하는 아들 디모데에게 이 편지를 쓰고 있는 바울 사도를 볼 수 있습니다. 바울은 인생의 경주장에서 마지막 남은 한 바퀴를 달리고 있습니다. 디모데가 경주에 들어섭니다. 그는 바울의 옆에서 뛰었으며 뒤떨어지지 않았습니다. 그는 푯대를 향하여 자기의 눈을 고정시킨 채 전력질주를 합니다. 그는 불안정, 소심, 패배를 이겨냈습니다. 디모데도 바울의 뒤를 이어 선한 싸움을 싸웠음을 스스로 입증한 것입니다. 저는 자기 옆에서 뛰고 있는 디모데를 확신있게 바라보면서 조용하게 기쁨의 눈물을 흘리고 있는 바울 사도의 눈망울을 볼 수 있습니다. 바람이 그의 목소리를 실어 디모데의 귓가에 나릅니다. “뛰어라, 아들아! 뛰어… 너는 할 수 있다. 아들아, 너는 할 수 있어… 괜찮아… 우리 주님의 타이밍은 옳단다.” 그리고 그 노인은 팔을 뻗쳐 바톤을 내어줍니다. 확실하게 바톤은 넘겨졌고, 경기는 계속됩니다. 경기장의 옆줄에서부터 흐릿해져 가지만 잊혀지지 않는 부름에 격려를 받으면서 젊은 디모데는 뜁니다. “뛰어라. 아들아, 뛰어!”

케이 아더, 프리셉트

적용 및 결단을 위한 질문

❶ 하나님께서는 복음과 관련하여 어떤 사명을 주셨다고 생각합니까?

❷ 당신의 디모데를 양성하기 위해 당신에게 어떤 변화와 결단이 필요합니까?

09 충성된 사람에게 부탁하라

본문 디모데후서 1장 15절-2장 13절

외울말씀 내 아들아 그러므로 너는 그리스도 예수 안에 있는 은혜 가운데서 강하고 또 네가 많은 증인 앞에서 내게 들은 바를 충성된 사람들에게 부탁하라 그들이 또 다른 사람들을 가르칠 수 있으리라 (1-2절)

15아시아에 있는 모든 사람이 나를 버린 이 일을 네가 아나니 그 중에는 부겔로와 허모게
네도 있느니라 16원하건대 주께서 오네시보로의 집에 긍휼을 베푸시옵소서 그가 나를 자
주 격려해 주고 내가 사슬에 매인 것을 부끄러워하지 아니하고 17로마에 있을 때에 나를
부지런히 찾아와 만났음이라 18(원하건대 주께서 그로 하여금 그 날에 주의 긍휼을 입게
하여 주옵소서) 또 그가 에베소에서 많이 봉사한 것을 네가 잘 아느니라 2:1내 아들아 그
러므로 너는 그리스도 예수 안에 있는 은혜 가운데서 강하고 2또 네가 많은 증인 앞에서
내게 들은 바를 충성된 사람들에게 부탁하라 그들이 또 다른 사람들을 가르칠 수 있으리
라 3너는 그리스도 예수의 좋은 병사로 나와 함께 고난을 받으라 4병사로 복무하는 자는
자기 생활에 얽매이는 자가 하나도 없나니 이는 병사로 모집한 자를 기쁘게 하려 함이
라 5경기하는 자가 법대로 경기하지 아니하면 승리자의 관을 얻지 못할 것이며 6수고하
는 농부가 곡식을 먼저 받는 것이 마땅하니라 7내가 말하는 것을 생각해 보라 주께서 범
사에 네게 총명을 주시리라 8내가 전한 복음대로 다윗의 씨로 죽은 자 가운데서 다시 살
아나신 예수 그리스도를 기억하라 9복음으로 말미암아 내가 죄인과 같이 매이는 데까지
고난을 받았으나 하나님의 말씀은 매이지 아니하니라 10그러므로 내가 택함 받은 자들
을 위하여 모든 것을 참음은 그들도 그리스도 예수 안에 있는 구원을 영원한 영광과 함
께 받게 하려 함이라 11미쁘다 이 말이여 우리가 주와 함께 죽었으면 또한 함께 살 것이요
12참으면 또한 함께 왕 노릇 할 것이요 우리가 주를 부인하면 주도 우리를 부인하실 것이
라 13우리는 미쁨이 없을지라도 주는 항상 미쁘시니 자기를 부인하실 수 없으시리라

도입을 위한 글

어느날, 저명한 두 교수가 심오한 사상과 삶의 의미에 대해 논하고 있었다. 그러다가 한 교수가 다른 교수에게 물었다. "헨리라는 학생이 자네의 제자라더군. 그 말이 사실인가?" 이에 대해 동료 교수는 "글쎄, 그 학생이 내가 하는 모든 강의를 쫓아다니며 듣고 있긴 하지. 그러나 나의 제자는 아닐세." 멋모르고 쫓아다니는 사람은 많아도 참된 제자는 없는 것처럼 슬픈 일이 있을까?

『교회사에서 골라낸 1,882가지 신앙이야기』, 기독교문사

도입을 위한 질문

❶ 당신이 진정한 의미에서 거듭난 그리스도인이라면 당신의 삶에서 드러나야 할 삶의 특성은 무엇이라고 생각합니까?

❷ 당신이 교회나 신앙 공동체에서 어떤 일을 맡았던 때를 기억해 보십시오. 그 경험은 당신의 신앙이 성장하는 데 어떤 기여를 했습니까?

본문 질문

❶ 딤후 1:12-2:2을 읽은 후 명령형 어미에 밑줄을 긋고, 그 명령의 내용을 간략히 요약해 보십시오.

• 1:13

• 1:14

• 2:1

• 2:2

❷ 15절에 근거해 볼 때 바울 사도는 어떤 형편에 놓여 있었습니까? 복음 증거자들이 감당해야 할 책무와 아픔(또는 외로움)은 어떤 관계에 있습니까?

❸ 부겔로와 허모게네와는 달리 오네시모는 바울 사도가 어려움에 처했을 때 곁에 있었습니다. 그는 어떤 사람입니까?(1:16-17) 당신은 이번 주에 신앙 공동체의 지도자들을 어떻게 격려하겠습니까?

❹ 바울 사도는 부겔로와 허모게네와 같이 신앙의 배신자들이 도처에 할거하고 이단이 난무하는 세상에서 디모데가 가장 우선적으로 해야 할 2가지 사항을 어떻게 표현하고 있습니까?(2:1-2) 이 두 가지가 기독교 복음의 내실화와 확산을 위해 가장 확실한 전략이 되는 이유를 설명해 보십시오.

*강하다 [endunamoo]: 능력으로 충만해지다

❺ 바울 사도는 그리스도인의 삶을 3가지 직종에 빗대서 설명하고 있습니다. 아래의 빈칸을 채워보십시오(2:3–6).

절	직 종	특 징
3-4	예수 그리스도의 좋은 군사	• 고난 받는 삶 • 자기 생활에 얽매이는 자가 하나도 없음
5	경기자 (마라토너)	•
6	수고하는 농부	•

❻ 이 세 가지 비유에서 나타나는 공통적인 요소는 무엇입니까?

❼ 우리가 고난 받을 때 기억해야 할 사항은 무엇입니까?(2:8–9)

*죄인과 같이 매임(9절): 감옥에 갇힘

8 바울 사도가 참고 견디는 이유는 무엇 때문입니까?(2:10–12) 신자가 고난 당할 때 어떤 자세를 가져야 하며, 그 이유는 무엇입니까?

더 깊은 연구와 묵상을 위하여

여러분은 이런 이야기를 들어보셨습니까? "A.D. 79년에 인류 역사에 영원히 기록될 큰 비극적인 사건이 이탈리아에서 발생했다. 베수비우스 산(Mt. Vesuvius)의 화산이 폭발해 그 산 아래 있던 폼페이(Pompeii) 시 전체가 완전히 매몰되었다. 그 후 사람들이 폼페이 시에 대한 발굴 작업을 시작했다. 어떤 사람들은 화산재와 용암으로부터 살아남아 보려고 높은 다락방으로 피신했다가 거기서 죽어 있었는가 하면, 어떤 이들은 깊은 지하실에서 용암의 습격을 받아 꼼짝 못한 채 죽은 모습도 발견되었다. 사람들은 재난에서 살아 남기 위해 갖가지 모양으로 피신한 흔적이 보였다. 이 가운데 발굴자들의 가슴을 뭉클하게 한 모습이 발견되었는데, 그것은 도시의 성문 앞에서 손에 무기를 든 채, 부동자세로 죽은 로마 군대의 한 보초병 때문이었다. 도시 전체는 서로 살아남겠다고 아비규환의 지옥이었고, 시커먼 화산재가 하늘을 새까맣게 덮었으며, 용암이 홍수같이 밀어닥치던 상황에서도 그 보초병은 꼼짝하지 않고 최후까지 임무를 수행하다가 순직한 것이다." 주님은 우리에게도 이 보초와 같은 충성을 기대하십니다. 바울은 디모데에게 네게 부탁하는 것을 지키라고 강조합니다. 그리고 또 다른 충성된 사람에게 부탁하라고 명령합니다. 이것은 우리에게 주시는 명령입니다. 여러분은 온갖 이단 사설이 난무하는 이 시대 속에서 복음을 어떻게 지키고 전달합니까? 어떻게 배우고 가르치고 있습니까? 여러분은 충성된 사람입니까?

『High G. B. S. 디모데후서』, 프리셉트

❶ 이 글을 읽고 바울과 디모데의 관계를 보여주는 상징어들을 기록해 보십시오.

❷ 당신의 바울은 누구입니까? 당신의 디모데는 누구입니까?

적용을 위한 글

존 스토트는 영국 여왕이 웨스트민스터 성당에서 대관식을 거행할 때의 장면을 묘사하면서, 가장 감동적인 장면들 중의 하나는 대관식이 행해지기 바로 직전, 즉 여왕의 머리에 왕관이 씌워지기 바로 직전이라고 이야기했습니다. "캔터베리 대주교는 성당 안에서 동서남북, 각 방향의 청중들을 향하여 네 번 소리쳤습니다. '귀빈 여러분! 저는 이분이 틀림없는 영국 여왕임을 여러분께 소개해 드립니다. 여러분은 이분에게 기꺼이 충성을 맹세하겠습니까?' 대주교가 물을 때마다 웨스트민스터 성당 안에 모인 청중들이 큰 소리로 승인의 대답을 네 번 해야만 비로소 왕관이 여왕의 머리에 씌워집니다." 스토트 씨는 말을 계속 이었습니다. "신사 숙녀 여러분! 저도 오늘 여러분께, 예수 그리스도께서 틀림없는 만왕의 왕이시요, 만유의 주이심을 소개해 드립니다. 여러분은 이분께 기꺼이 충성을 맹세하겠습니까?" 이것은 자신이 그리스도인이라고 고백한 모든 사람이 필히 대답해야 할 질문입니다.

『단 한번뿐인 인생』, 윌리엄 맥도널드

적용 및 결단을 위한 질문

❶ 당신은 충성된 사람들에게 복음을 전달하기 위해 어떻게 구체적으로 사역하고 있습니까?

❷ 당신의 디모데를 양성하기 위해 당신에게 어떤 변화와 결단이 필요합니까?

10 진리의 말씀을 옳게 분별하라

본문 디모데후서 2장 14-26절

외울말씀 너는 진리의 말씀을 옳게 분별하며 부끄러울 것이 없는 일꾼으로 인정된 자로 자신을 하나님 앞에 드리기를 힘쓰라 (15절)

14너는 그들로 이 일을 기억하게 하여 말다툼을 하지 말라고 하나님 앞에서 엄히 명하라
이는 유익이 하나도 없고 도리어 듣는 자들을 망하게 함이라 15너는 진리의 말씀을 옳게
분별하며 부끄러울 것이 없는 일꾼으로 인정된 자로 자신을 하나님 앞에 드리기를 힘쓰
라 16망령되고 헛된 말을 버리라 그들은 경건하지 아니함에 점점 나아가나니 17그들의 말
은 악성 종양이 퍼져나감과 같은데 그 중에 후메내오와 빌레도가 있느니라 18진리에 관
하여는 그들이 그릇되었도다 부활이 이미 지나갔다 함으로 어떤 사람들의 믿음을 무너
뜨리느니라 19그러나 하나님의 견고한 터는 섰으니 인침이 있어 일렀으되 주께서 자기
백성을 아신다 하며 또 주의 이름을 부르는 자마다 불의에서 떠날지어다 하였느니라 20
큰 집에는 금 그릇과 은 그릇뿐 아니라 나무 그릇과 질그릇도 있어 귀하게 쓰는 것도 있
고 천하게 쓰는 것도 있나니 21그러므로 누구든지 이런 것에서 자기를 깨끗하게 하면 귀
히 쓰는 그릇이 되어 거룩하고 주인의 쓰심에 합당하며 모든 선한 일에 준비함이 되리라
22또한 너는 청년의 정욕을 피하고 주를 깨끗한 마음으로 부르는 자들과 함께 의와 믿음
과 사랑과 화평을 따르라 23어리석고 무식한 변론을 버리라 이에서 다툼이 나는 줄 앎이
라 24주의 종은 마땅히 다투지 아니하고 모든 사람에 대하여 온유하며 가르치기를 잘하
며 참으며 25거역하는 자를 온유함으로 훈계할지니 혹 하나님이 그들에게 회개함을 주사
진리를 알게 하실까 하며 26들로 깨어 마귀의 올무에서 벗어나 하나님께 사로잡힌 바 되
어 그 뜻을 따르게 하실까 함이라

도입을 위한 글

어떤 부인이 신부에게 찾아가 자신이 이웃 사람들의 소문을 퍼뜨리고 다녔다고 고백했다. 그러자 신부는 참회에 대한 고행의 표시로 시장에서 털을 뽑지 않은 닭 한 마리를 산 뒤, 오는 길에 털을 하나씩 뽑아 버리라고 했다. 그러고 나면 다음 일을 일러 주겠다고 했다. 고행치고는 아주 이상한 행위라며 의아해 했지만, 그녀는 곧 신부의 말대로 행했다. 그녀가 돌아오자 일단 신부는 그녀의 순종을 칭찬해 주었다. 그러고 나서 이렇게 말했다. “이제 당신의 고행의 마지막 작업을 일러 주겠소. 돌아가서 그 깃털들을 주워 모으시오.” 그러자 부인은 깜짝 놀라며 말했다. “신부님, 그건 불가능해요. 바람이 불어서 깃털이 다 날아가 버린 걸요. 어떻게 그것들을 다시 모을 수가 있겠어요.” “바로 그런 것이오. 말은 사람들의 입에서 입으로 너무 빨리 전해져 버리기에 당신이 주워 담으려 해도 따라 잡을 수가 없다오. 그러니 앞으로는 당신이 하는 모든 말을 조심하시오.”

『교회사에서 골라낸 1,882가지 신앙이야기』, 기독교문사

도입을 위한 질문

❶ 신앙 공동체에서 험담이나 망령된 말 때문에 어려움을 겪은 적이 있다면 나누어 보십시오.

❷ 험담이나 망령된 말을 버리기 위해서는 어떤 노력이 필요할까요?

본문 질문

❶ 신앙 공동체 안에서 견해차나 의견 대립이 있을 때 유념해야 할 점은 무엇이며, 왜 그래야 합니까?(14절) 신자의 언어생활에서 반드시 지켜야 할 가이드라인은 무엇입니까?(14, 16, 23절)

*망령되고 헛된 말 (16절): 거짓된 교리, 헛된 신화와 족보, 이단사설(異端邪說)

❷ 바울 사도가 활동하던 당시 후메네오와 빌레오의 문제점은 무엇이었습니까?

❸ 하나님의 사람으로서 하나님의 일꾼들이 적극적으로 힘써야 할 것은 무엇입니까?(15절)

*옳게 분별하며 [orthotomeo]: 이는 '바르게'(orthos)와 '자르다'(temno)의 합성어로서 본래 석공이 돌을 똑바로 잘라내는 것이나 농부가 밭고랑을 똑바로 내는 것을 의미했다

❹ 하나님의 백성으로서 견고한 터위에 서서 구원받았다는 확증이 2가지로 나타납니다. 첫째는 주께서 구원받은 그 백성을 아시는 것이며, 둘째는 무엇입니까?(19절) 망령되고 헛된 말이 득세하는 상황에서 바울 사도가 확신하는 바는 무엇입니까?

❺ 바울 사도는 그릇의 비유를 통해 우리에게 어떤 교훈을 줍니까?(20-21절)

❻ 청년기에 어떤 부류의 사람들과 교류하며 친구 관계를 맺어야 할까요?(22절) 왜 그것이 중요합니까?

❼ 바울 사도는 제자된 디모데에게 성경의 가르침을 거역하는 사람들을 어떻게 대하라고 명합니까?(25절) 그 이유는 무엇입니까?(25-26절)

❽ 복음을 옳게 분별하고 증거하기 위해서 당신의 성품 중 어느 부분이 변화되어야 한다고 생각합니까? 이를 위해서 함께 기도하는 시간을 가져 보십시오.

더 깊은 연구와 묵상을 위하여

❶ 당신이 영혼을 인도하는 목자(목회자, 구역장, 셀장, 주일학교 교사 등)라면, 어떤 삶을 살아야 할까요?(24–26절)

❷ 모든 신자는 넓은 의미에서 모두 주의 종입니다. 딤후 2:23–26을 읽고, 주의 종의 행위에 대해 다시 한 번 목록으로 작성해 보십시오.

적용을 위한 글

교회의 의식을 돕기 위해 교회를 돌보는 것은 예수 그리스도의 봉사관이 아닙니다. 예수님이 말씀하시는 봉사는 우리가 다른 사람의 종이 됨으로써 주님을 섬기는 것입니다. 하나님 나라에서 가장 큰 자는 모든 사람을 섬기는 종이라고 주님은 말씀하셨습니다. 성도의 참된 목적은 복음을 전파하는 것뿐만 아니라, 제자들의 발을 씻기는 것에 있습니다. 보통 사람들이 다른 사람을 평가할 때 고려하지 않는 부분이 하나님의 평가에서는 가장 중요한 기준이 됩니다. 바울은 하나님이 다른 사람들에게 가지고 계신 지대한 관심에 호응하여 자신을 내어주는 일을 기꺼이 맡아 행했습니다. 바울은 그 일에 대한 대가를 전혀 생각하지 않았습니다. 우리는 늘 경제적인 측면을 염두하고 하나님의 일을 하려는 경향이 있습니다. 이것은 우리가 하나님을 조건부로 섬기고 있다는 증거입니다. 사도 바울은 주님을 섬기는 데 조건을 붙인 적이 없습니다.

적용 및 결단을 위한 질문

❶ 당신이 주로 만나는 친구들 중 더욱 깊이 사귀어야 할 친구들과 전도 목적이 아니라면 정리해야 할 친구들로 분리해 보십시오. 그리고 정리할 친구들을 과감히 정리하는 결단을 내리십시오.

❷ 당신의 언어생활에서 변화와 결단이 필요한 부분은 무엇입니까?

11 복음 안에 거하라

본문 디모데후서 3장 1-17절

외울말씀 그러나 너는 배우고 확신한 일에 거하라 너는 네가 누구에게서 배운 것을 알며 또 어려서부터 성경을 알았나니 성경은 능히 너로 하여금 그리스도 예수 안에 있는 믿음으로 말미암아 구원에 이르는 지혜가 있게 하느니라 (14-15절)

1너는 이것을 알라 말세에 고통하는 때가 이르러 2사람들이 자기를 사랑하며 돈을 사랑
하며 자랑하며 교만하며 비방하며 부모를 거역하며 감사하지 아니하며 거룩하지 아니하
며 3무정하며 원통함을 풀지 아니하며 모함하며 절제하지 못하며 사나우며 선한 것을 좋
아하지 아니하며 4배신하며 조급하며 자만하며 쾌락을 사랑하기를 하나님 사랑하는 것
보다 더하며 5경건의 모양은 있으나 경건의 능력은 부인하니 이같은 자들에게서 네가 돌
아서라 6그들 중에 남의 집에 가만히 들어가 어리석은 여자를 유인하는 자들이 있으니
그 여자는 죄를 중히 지고 여러 가지 욕심에 끌린 바 되어 7항상 배우나 끝내 진리의 지
식에 이를 수 없느니라 8얀네와 얌브레가 모세를 대적한 것 같이 그들도 진리를 대적하
니 이 사람들은 그 마음이 부패한 자요 믿음에 관하여는 버림 받은 자들이라 9그러나 그
들이 더 나아가지 못할 것은 저 두 사람이 된 것과 같이 그들의 어리석음이 드러날 것임
이라 10나의 교훈과 행실과 의향과 믿음과 오래 참음과 사랑과 인내와 11박해를 받음과
고난과 또한 안디옥과 이고니온과 루스드라에서 당한 일과 어떠한 박해를 받은 것을 네
가 과연 보고 알았거니와 주께서 이 모든 것 가운데서 나를 건지셨느니라 12무릇 그리스
도 예수 안에서 경건하게 살고자 하는 자는 박해를 받으리라 13악한 사람들과 속이는 자
들은 더욱 악하여져서 속이기도 하고 속기도 하나니 14그러나 너는 배우고 확신한 일에
거하라 너는 네가 누구에게서 배운 것을 알며 15또 어려서부터 성경을 알았나니 성경은
능히 너로 하여금 그리스도 예수 안에 있는 믿음으로 말미암아 구원에 이르는 지혜가 있
게 하느니라 16모든 성경은 하나님의 감동으로 된 것으로 교훈과 책망과 바르게 함과 의
로 교육하기에 유익하니 17이는 하나님의 사람으로 온전하게 하며 모든 선한 일을 행할
능력을 갖추게 하려 함이라

도입을 위한 글

지금 한국에는 120만 명의 콜걸들이 있다고 한다. 한국의 인구 가운데 20대를 기준으로 하여 120만 명이라고 하면 얼마나 엄청난 숫자인가? 이들이 사십 대가 되어서 이 민족의 역사에 구석구석 영향을 미칠 때, 그것은 나의 문제가 될 것이다. 이렇게 성도덕이 무너져 가고 있다. 어떤 사람은 과거에는 외국여행을 가면 밤거리의 퇴폐적인 문화를 보고 눈이 휘둥그레졌는데, 이제는 세계 어느 곳보다 한국이 더욱 퇴폐적이라고 얘기한다. 그리고 우리나라에서도 시간이 흐를수록 코카인을 맞는 젊은이들이 점점 더 늘어날지도 모른다. 이런 어둠이 깊이 깔리고 있을 때, 우리는 어떻게 해야 하겠는가? 이러한 문제는 사람들이 도덕적으로 문란해지고 성적으로 타락하며 마약이 번성하는 표면적인 문제가 아니라, 하나님의 사람들이 믿음으로 살지 않는 데 있다.

『홍정길 목사의 301가지 감동 스토리 Ⅱ』, 프리셉트

도입을 위한 질문

❶ 위의 글을 읽고 당신의 의견을 개진해 보십시오.

❷ 사람들이 왜 쉽게 이단에 빠질까요?

Best G.B.S.

본문 질문

■ **말세에 나타날 현상들 (1-9절)** ■

❶ 말세에는 어떤 현상이 나타납니까?(1-5절)

❷ '경건의 모양은 있으나 경건의 능력은 부인하는 자'를 구체적으로 설명해 보십시오.

❸ 거짓선생들이 암암리에 행동하는 모습이 어떻게 묘사되고 있습니까?(6절) 거짓선생에 미혹된 자들은 어떤 열매를 맺습니까?(7절)

❹ '얀네'와 '얌브레'는 애굽 마법사들의 전통적인 이름으로 알려져 있습니다. 거짓선생들을 얀네와 얌브레와 비교하면 어떤 점이 유사합니까?(8절)

❺ 바울 사도는 거짓선생들과 어떻게 관계 맺을 것을 권면합니까?

■ **경건한 삶과 핍박 (10–17절)** ■

❻ 바울은 디모데에게 삶으로 무엇을 가르치고 있습니까?(10–12절)

❼ 무릇 예수님 안에서 경건한 삶을 살고자 할 때 어떤 각오가 필요합니까?(12절)

❽ 속고 속이는 이 세상에서 우리가 확신을 가지고 붙잡아야 할 것은 무엇입니까?(13–14절)

❾ 성경은 과연 어떤 책입니까? 15-17절을 읽고, 성경에 대해 목록을 작성해 보십시오.

절	목 록
15	• 디모데가 어려서부터 알았던 책 • 예수 안에 있는 믿음으로 말미암아 구원에 이르는 지혜가 있게 하는 책
16	
17	

더 깊은 연구와 묵상을 위하여

❶ 현대 사회에 투영된 말세의 대표적인 모습은 무엇일까요? 1-5절에서 묘사되고 있는 모습으로부터 한 가지씩 추출해 보십시오.

❷ 성경이 당신의 생애에 가장 크게 영향을 끼친 영역은 무엇입니까?(15–16절)

적용을 위한 글

바울은 앞 단락(1–9절)에서 말세에 있을 종교적 · 도덕적 타락상과 배교(背敎) 현상을 예고하는 가운데 디모데를 위시한 모든 성도들의 영적 각성을 촉구하였다. 이제 그에 이은 본문은 경건한 성도에게는 필연적으로 핍박이 임할 것이나 주께서 그 핍박 중에 반드시 보호하실 것임을 언급하고(10–13절), 이어 이러한 핍박에 대처하여 승리의 삶을 살기 위하여 모든 성도는 모름지기 하나님의 성경 말씀에 착념해 배우고 확신한 일에 거하라고 교훈하고 있다(14–17절). 사실 어두움이 빛을 싫어하듯 배후에서 사탄이 조종하고 있는 이 세상은 예수 그리스도를 미워하여 핍박하고 저를 십자가에 못 박기까지 하였다. 그와 동일한 맥락에서 사탄은 또 예수를 믿고 따르는 성도들을 미워하며 핍박한다(요 15:18–19). 그러므로 성도들은 자신이 이 세상에서 핍박당하는 것을 이상히 여기거나 두려워해서는 안 된다(벧전 4:12). 오히려 그러한 핍박을 받을 때 자신도 예수님과 같은 길로 가고 있다는 자부심을 가지고 기꺼이 자기 십자가를 지고 가는 자(눅 9:23)가 되어야 할 것이다.

『그랜드 종합주석 18권』

적용 및 결단을 위한 질문

❶ 예수님을 구주로 영접한 이후 예수님 때문에 받은 핍박은 무엇이었습니까? 예수님으로 인해서 핍박을 받은 것은 어떤 보증이 됩니까?(12절)

❷ 당신은 성경을 주로 언제 대면합니까? 성경이 당신의 삶에 영향력을 발휘하도록 하기 위해서 당신이 추가로 취할 조치는 무엇입니까?

12 네 직무를 다하라

본문 디모데후서 4장 1-22절

외울말씀 너는 모든 일에 신중하여 고난을 받으며 전도자의 일을 하며 네 직무를 다하라 (5절)

1하나님 앞과 살아 있는 자와 죽은 자를 심판하실 그리스도 예수 앞에서 그가 나타나실
것과 그의 나라를 두고 엄히 명하노니 2너는 말씀을 전파하라 때를 얻든지 못 얻든지 항
상 힘쓰라 범사에 오래 참음과 가르침으로 경책하며 경계하며 권하라 3때가 이르리니 사
람이 바른 교훈을 받지 아니하며 귀가 가려워서 자기의 사욕을 따를 스승을 많이 두고 4
또 그 귀를 진리에서 돌이켜 허탄한 이야기를 따르리라 5그러나 너는 모든 일에 신중하
여 고난을 받으며 전도자의 일을 하며 네 직무를 다하라 6전제와 같이 내가 벌써 부어지
고 나의 떠날 시각이 가까웠도다 7나는 선한 싸움을 싸우고 나의 달려갈 길을 마치고 믿
음을 지켰으니 8이제 후로는 나를 위하여 의의 면류관이 예비되었으므로 주 곧 의로우신
재판장이 그 날에 내게 주실 것이며 내게만 아니라 주의 나타나심을 사모하는 모든 자에
게도니라 9너는 어서 속히 내게로 오라 10데마는 이 세상을 사랑하여 나를 버리고 데살로
니가로 갔고 그레스게는 갈라디아로, 디도는 달마디아로 갔고 11누가만 나와 함께 있느니
라 네가 올 때에 마가를 데리고 오라 그가 나의 일에 유익하니라 12두기고는 에베소로 보
내었노라 13네가 올 때에 내가 드로아 가보의 집에 둔 겉옷을 가지고 오고 또 책은 특별
히 가죽 종이에 쓴 것을 가져오라 14구리 세공업자 알렉산더가 내게 해를 많이 입혔으매
주께서 그 행한 대로 그에게 갚으시리니 15너도 그를 주의하라 그가 우리 말을 심히 대적
하였느니라 16내가 처음 변명할 때에 나와 함께 한 자가 하나도 없고 다 나를 버렸으나
그들에게 허물을 돌리지 않기를 원하노라 17주께서 내 곁에 서서 나에게 힘을 주심은 나
로 말미암아 선포된 말씀이 온전히 전파되어 모든 이방인이 듣게 하려 하심이니 내가 사
자의 입에서 건짐을 받았느니라 18주께서 나를 모든 악한 일에서 건져내시고 또 그의 천
국에 들어가도록 구원하시리니 그에게 영광이 세세무궁토록 있을지어다 아멘 19브리스가

와 아굴라와 및 오네시보로의 집에 문안하라
20에라스도는 고린도에 머물러 있고 드로비모는 병들어서 밀레도에 두었노니
21너는 겨울 전에 어서 오라 으불로와 부데와 리노와 글라우디아와 모든 형제가 다 네게 문안하느니라
22나는 주께서 네 심령에 함께 계시기를 바라노니 은혜가 너희와 함께 있을지어다

도입을 위한 글

현대 선교의 아버지라 불리는 윌리엄 캐리(William Carey)는 구두 수선공으로 일하면서 독학을 했습니다. 독학을 하면서도 그는 여러 나라의 언어를 꾸준히 공부하여 능숙하게 구사할 수 있는 능력까지 키웠습니다. 그런데 어느날 캐리의 친척 동생이 자신이 들어가기로 한 옥스퍼드의 단과대학에 캐리를 데리고 갔습니다. 그들은 단과대학의 한 유명한 어학교수를 찾아가 이야기를 나누었습니다. 대화 중에 그 교수는 캐리의 어학실력에 주목하게 되었습니다. 그 교수는 캐리에게 "당신이 이 학교에 들어오면 이 나라 역사에 큰 영향을 미칠 것이오. 그리고 이 나라의 여왕께서도 당신을 기뻐하실 것입니다"라고 말했습니다. 교수의 말에 캐리는 이렇게 거절했습니다. "교수님께서는 영국이라는 나라의 여왕을 말씀하셨는데, 제게는 이미 저의 전 생애를 건 한 나라가 있습니다. 그 나라는 바로 하나님의 나라입니다. 저는 여왕보다 더 높으신 분의 부름을 받았고, 그분을 향한 저의 충성은 변할 수 없습니다." 결국 캐리는 그 교수의 제의를 거절하고, 세계 선교를 위해서 인도로 떠났습니다.

『짧은 이야기 긴 감동』, 이동원, 누가

도입을 위한 질문

❶ 하나님이 당신에게 주신 인생 목적과 부름받은 사명은 무엇입니까?

❷ 당신은 과연 그 인생 목적에 합당하게 살고 있습니까? 그리고 어떻게 사명을 수행하고 있습니까?

본문 질문

■ **사명자의 직무 (1–8절)** ■

❶ 바울 사도는 사악한 시대적 영향으로 말미암아 복음진리가 희석되는 상황 속에서 무엇을 명하고 있습니까?(2절)

*경책하며 [elengkson]: 허물을 분명히 알게 하고 그것을 바로잡다
*경계하며 [epitimeson]: 질책하다, 책망하다
*권하다 [parakaleson]: 위로하다

❷ 바울 사도는 2절의 권면이 너무도 중요하다는 사실을 어떻게 강조하고 있습니까?(1절)

❸ 바울은 말세에 많은 사람들이 복음을 떠날 것이라고 경고하고 있습니다. 이러한 상황에 처할 때 디모데는 어떻게 행동해야 합니까?(5절)

❹ 바울은 자신이 힘써 도왔던 많은 사람들이 배교하고 있음을 알고 있었습니다. 그럼에도 불구하고 자신의 삶에 자신감과 확신을 가질 수 있었던 이유는 무엇입니까?(6-8절) 바울이 천국에서 받으리라고 확신하는 바는 무엇입니까?

■ **개인적 부탁 (9-22절)** ■

❺ 바울 사도는 인생의 마지막을 향해 가면서 로마 감옥 안에서 어떤 시련과 아픔을 경험하고 있습니까?(10-11절)

❻ 바울은 자신의 죽음이 임박했음을 알고서 디모데에게 어떤 부탁을 했습니까?(9, 11, 13절)

❼ 구리 세공업자 알렉산더는 어떤 사람이었습니까?(14절) 바울은 디모데에게 어떤 경고를 하고 있습니까?(15절)

❽ 로마에는 바울을 얼마든지 지원하고 조력할 수 있는 기독교 공동체와 성도들이 있었지만, 결국 그들은 바울을 외면했습니다(16절). 바울은 얼마든지 저들을 향해 질타를 가하고 분노의 채찍을 들 수 있었지만, 저들에게 허물을 돌리지 않았습니다. 그 이유는 무엇입니까?(17절)

더 깊은 연구와 묵상을 위하여

❶ 다음 본문을 읽고, 바울과 마가의 관계를 설명해 보십시오.

> 37바나바는 마가라 하는 요한도 데리고 가고자 하나 38바울은 밤빌리아에서 자기들
> 을 떠나 함께 일하러 가지 아니한 자를 데리고 가는 것이 옳지 않다 하여 39서로 심
> 히 다투어 피차 갈라서니 바나바는 마가를 데리고 배 타고 구브로로 가고 40바울은
> 실라를 택한 후에 형제들에게 주의 은혜에 부탁함을 받고 떠나
>
> 『사도행전 15장 37-40절』

❷ 딤후 4:11에 보면, 바울이 마가에 대해 갖고 있었던 부정적 인식이 바뀌어진 것을 알 수 있습니다. 당신은 어떤 편견 때문에 관계가 깨어진 사람은 없습니까? 어떻게 그 깨어진 관계를 회복할 수 있습니까?

적용을 위한 글

19-21절에서는 문안을 주고받는 인물들이 많이 등장합니다. 브리스가와 아굴라는 로마의 클라우디아 황제가 유대인을 추방시킬 때 로마에서 쫓겨나, 고린도로 이주하여 살던 자로서 장막짓는 일을 하면서 바울의 전도사역을 전심으로 도왔던 인물입니다. 에라스도는 고린도 지방의 재무 담당자로서(롬 16:23), 디모데와 함께 마케도냐에 파송된 적이 있는 자입니다. 드로비모는 에베소 출신으로, 이방인 성도들이 모은 구제헌금을 예루살렘교회까지 전달한 자입니다(행 20:4-6). 으불로와 부데와 리노와 글라우디아는 로마교회의 성도로 추정되며, 특히 리노는 베드로 사도에 이어 로마교회의 감독으로 취임하여 12년간 봉직한 것으로 초대교회 전승은 기록하고 있습니다(Irenaeus, Eusebius). 이상에서 언급된 모든 인물들은 바울 사도가 인생의 마지막까지 바울 사도를 지원하고 협력했던 복음의 전사들입니다. 바울 사도는 비록 해를 끼친 구리 세공업자 알렉산더(14절), 첫번째 투옥 시 변론했던 자들의 집단변심(16절), 바울을 버리고 떠난 아시아의 수많은 신자들 특히 부겔로와 허모게네(1:15), 악성종양처럼 믿음이 부패한 후메내오와 빌레도(2:17) 등이 주변에 있었음에도 불구하고 저들에게 허물을 돌리지 않았습니다. 바울은 오히려 자신과 함께 복음사역에 진력해 온 신앙 동지들을 기억하고 문안 인사하면서 용기와 힘을 얻고 있습니다. 당신은 어떤 사람을 가슴에 품고 기도하고 있습니까? 당신의 알렉산더는 누구이며, 당신의 디모데는 누구입니까? 당신은 과연 누구에게 생애를 투자하며 집중하고 있습니까?

적용 및 결단을 위한 질문

❶ 아무리 시대가 어려워도 예수님의 제자로서 사명자가 해야 할 일은 무엇입니까?(4:2, 5절) 당신은 그 일을 어떻게 하고 있습니까?

❷ 배신과 시련의 아픔 속에서도 바울이 가졌던 확신과 찬양은 어떠했습니까?(18절) 당신은 어떤 확신을 가졌노라고 고백할 수 있습니까?

13 바른 교훈으로 권면하라

본문 디도서 1장 1–16절

외울말씀 미쁜 말씀의 가르침을 그대로 지켜야 하리니 이는 능히 바른 교훈으로 권면하고 거슬러 말하는 자들을 책망하게 하려 함이라 (9절)

1하나님의 종이요 예수 그리스도의 사도인 나 바울이 사도 된 것은 하나님이 택하신 자들
의 믿음과 경건함에 속한 진리의 지식과 2영생의 소망을 위함이라 이 영생은 거짓이 없으
신 하나님이 영원 전부터 약속하신 것인데 3자기 때에 자기의 말씀을 전도로 나타내셨으니
이 전도는 우리 구주 하나님이 명하신 대로 내게 맡기신 것이라 4같은 믿음을 따라 나의 참
아들 된 디도에게 편지하노니 하나님 아버지와 그리스도 예수 우리 구주로부터 은혜와 평
강이 네게 있을지어다 5내가 너를 그레데에 남겨 둔 이유는 남은 일을 정리하고 내가 명한
대로 각 성에 장로들을 세우게 하려 함이니 6책망할 것이 없고 한 아내의 남편이며 방탕하
다는 비난을 받거나 불순종하는 일이 없는 믿는 자녀를 둔 자라야 할지라 7감독은 하나님의
청지기로서 책망할 것이 없고 제 고집대로 하지 아니하며 급히 분내지 아니하며 술을 즐기
지 아니하며 구타하지 아니하며 더러운 이득을 탐하지 아니하며 8오직 나그네를 대접하며
선행을 좋아하며 신중하며 의로우며 거룩하며 절제하며 9미쁜 말씀의 가르침을 그대로 지
켜야 하리니 이는 능히 바른 교훈으로 권면하고 거슬러 말하는 자들을 책망하게 하려 함이
라 10불순종하고 헛된 말을 하며 속이는 자가 많은 중 할례파 가운데 특히 그러하니 11그들
의 입을 막을 것이라 이런 자들이 더러운 이득을 취하려고 마땅하지 아니한 것을 가르쳐 가
정들을 온통 무너뜨리는도다 12그레데인 중의 어떤 선지자가 말하되 그레데인들은 항상 거
짓말쟁이며 악한 짐승이며 배만 위하는 게으름뱅이라 하니 13이 증언이 참되도다 그러므로
네가 그들을 엄히 꾸짖으라 이는 그들로 하여금 믿음을 온전하게 하고 14유대인의 허탄한
이야기와 진리를 배반하는 사람들의 명령을 따르지 않게 하려 함이라 15깨끗한 자들에게는
모든 것이 깨끗하나 더럽고 믿지 아니하는 자들에게는 아무 것도 깨끗한 것이 없고 오직 그
들의 마음과 양심이 더러운지라 16그들이 하나님을 시인하나 행위로는 부인하니 가증한 자
요 복종하지 아니하는 자요 모든 선한 일을 버리는 자니라

도입을 위한 글

어떤 인터뷰에서 "목사님의 큰 자랑이 있다면 무엇입니까?"라고 물었습니다. 제가 걸어온 길을 되돌아보면 자랑할 만한 것이 별로 없었습니다. 학위나 사회적인 지위를 얻은 것도 아니고, 대형 교회가 된 것도 아니고, 큰 업적을 남긴 것도 없습니다. 사회에 큰 영향을 끼치는 인물을 배출하지도 않았고, 성전을 멋지게 건축한 것도 아니며, 설교나 기타 세미나 등으로 이곳저곳에 초청된 것도 아닙니다. 섬김과 선교의 영역에서도 최선을 다했지만, 그렇다고 자랑할 만한 것은 아닙니다. 그냥 부족하고 평범한 인생을 살아왔습니다. 그러나 이것저것을 찾다보니 내게도 한 가지 자랑할 만한 것이 있음을 발견했습니다. 그것은 저와 동일한 목회철학과 비전을 품고 섬기는 평신도 지도자들로 세워진 목자들입니다. 자신들의 가정을 오픈하여 가정 안에 교회들을 세워가는 꿈을 꾸는 자들입니다. 영혼을 사랑하는 마음 때문에 눈물을 흘릴 줄 아는 자들입니다. 아직 깨져야 할 영역이 많고 다듬어지지 않은 모난 부분이 있지만, 그래도 이들은 나의 유일한 자랑입니다. 매일 아침마다 이들의 이름을 주님 앞에서 한 번씩 불러보는 것이 저의 행복입니다. 유ㅇㅇ, 신ㅇㅇ, 박ㅇㅇ… 이들은 내 심장에 새긴 보석들이요, 주님의 성전을 세워가는 생명이 담긴 벽돌들의 이름들입니다. 바울이 디도에게 편지를 쓸 때, "같은 믿음을 따라 나의 참 아들 된"(딛 1:4)이란 수식어를 사용합니다. 아들로 자랑할 만한 특별한 관계에서 우러나오는 수식어입니다. 이 디도를 고린도교회에 다음과 같이 소개합니다. "디도로 말하면 나의 동료요 너희를 위한 나의 동역자요 우리 형제들로 말하면 여러 교회의 사자들이요 그리스도의 영광이니라"(고후 8:23). 이러한 사랑의 관계성으로 연결된 동역이기에 그 이름을 생각만해도 위로와 격려가 되었을 것입니다. 그 이름을 떠올릴 때마다 가슴이 뭉클했고, 감사의 고백이 넘쳤을 것입니다. 그 이름을 부를 때 시련을 이겨낼 용기도 생겼을 것입니다.

『어느 목사님의 고백 중에서』

도입을 위한 질문

❶ 당신은 신앙 공동체를 위해 헌신하는 지도자들에게 필수적으로 필요한 자질이 무엇이라고 생각합니까? 3가지만 기록해 보십시오.

❷ 당신이 섬기는 신앙 공동체에 이단의 이론을 신봉하는 자가 있다면, 어떻게 대하겠습니까?

본문 질문

■ **문안 인사 및 지도자의 자격 (1–4절)** ■

❶ 바울 사도는 사도됨의 목적에 대해 어떤 확신을 가지고 있었습니까?

❷ 바울은 디도를 어떻게 호칭하고 있습니까?

❸ 바울은 그레데에 있는 디도에게 어떤 사명을 부여합니까?(5절)

❹ 교회 지도자가 가져야 할 자질을 기술해 보십시오(6–9절).

절	교회 지도자가 가져야 할 자질
6	· ( ) 할 것이 없는 자 · 한 아내의 남편된 자 · 방탕하다는 비난을 받거나 불순종하는 일이 없는 믿는 자녀를 둔 자
7	· 하나님의 ( ) · 제 고집대로 하지 않는 자 · 급히 분내지 않는 자 · 술을 즐기지 않는 자 · 구타하지 않는 자 · 더러운 이득을 탐하지 않는 자
8	· 나그네를 대접하는 자 · ( ) 을 좋아하는 자 · 신중하며 의로우며 거룩하며 절제하는 자
9	· 미쁜 ( )의 가르침을 그대로 지키는 자

❺ 이상의 자질 중에서 당신이 개선해야 할 자질 하나를 선택하라면, 어떤 항목을 선택하겠습니까? 어떻게 하면 그 항목의 약점을 극복할 수 있습니까?

❻ 10-16절을 읽고, 거짓교사들이 갖는 특징을 다음의 항목으로 분류하여 살펴보십시오.

절	행위	가르침	가르침의 결과
10	· 거짓말 · 헛된 말 · (　　　　　)		
11		· 더러운 (　　　)을 취하려고 가르침 · 마땅치 아니한 것을 가르침	· (　　　　　　)을 온통 무너뜨림
12	· 그레데인은 – 항상 거짓말쟁이 – 악한 짐승 – 배만 위하는 게으름뱅이	· 엄히 꾸지람 받아야 할 자	
16	· 하나님을 행위로 부인하는 자		· 가증한 자 · 복종하지 않는 자 · 모든 (　　　　)을 버리는 자

❼ 교회 안에는 믿음의 교훈을 받지 않고 복음에 반하는 삶을 사는 분들이 있을 수 있습니다. 바울 사도는 디도에게 이러한 자들을 어떻게 대할 것을 명합니까?(13절) 그 이유는 무엇입니까?(13-14절)

❽ 이상의 말씀을 근거로 보건대, 바울 사도가 그레데에 머물고 있는 디도에게 실제로 기대하고 있는 바를 자신의 말로 표현해 보십시오.

더 깊은 연구와 묵상을 위하여

❶ 10절에서 표현된 '할례파'는 어떤 사람들일까요? 허탄한 이야기를 퍼뜨리는 유대인(14절)은 누구를 말할까요? 다음의 글을 읽고, 자신의 말로 답변해 보십시오.

그레데(Crete)교회 안에는 쓸데없는 논쟁과 거짓 교훈으로 교인들을 미혹하는 자들이 있었다. 그 대표적 부류가 할례당이었다. 그들은 오직 예수 그리스도를 믿는 믿음으로써만 구원받을 수 있다는 복음의 진리(롬 1:17)를 거스려, 할례(割禮)를 비롯한 모세의 모든 율법을 지키지 않으면 결코 구원을 얻을 수 없다고 주장했다(10절). 즉 그들은 예수를 구약에서 예언된 메시야(Messiah)로 믿긴 했으나, 구원은 단지 믿음으로만이 아니라 모세 율법 준수라는 행함이 있어야 얻을 수 있다고 가르쳤다. 이는 구원이 전적으로 하나님의 은혜의 선물(엡 2:8)이며, 행함으로써가 아니라 오직 믿음으로써만 얻는 것이라는 기독교의 정통교리를 정면으로 부인하는 가르침이었다. 그리고 이 이단들은 이러한 신학적 오류와 함께 도덕적으로 심각한 문제를 안고 있었다. 즉 그들은 겉으로는 하나님을 시인하며 경건한 척하였으나, 실상 탐욕에 눈이 멀어 있었는 바 속으로 더러운 이(利)를 탐하였던 것이다(11-12, 16절). 이러한 이단 할례당으로 인하여 그레데교회 성도들은 믿음과 신앙생활 자체에 치명적인 악영향을 받게 되었다. 이에 바울은 유대주의적 이단들의 그릇된 교리들을 지적하기보다 그들이 그러한 거짓 교리들을 고수하며 다른 사람들에게 그것들을 가르치고 있는 인본주의적이고도 세속주의적(世俗主義的)인 악한 동기에 대하여 집중적으로 비난하며 디도에게 저들을 꾸짖고(13절), 경계할 것(14-16절)을 명했다. 여기서 우리는 이단은 결국 기독교의 정통 교리를 왜곡, 호도함으로써 사람들로 하여금 하나님을 떠나 자신의 죄악된 본성을 좇아 살게 하고 종국에는 멸망에 이르게 하고자 획책하는 사탄(Satan)의 조종을 받는 자들인 만큼, 그들의 삶은 겉으로는 하나님을 시인하나 내적으로는 인본주의적(人本主義的)인 악한 동기들을 추구하는 표리부동한 것이 될 수밖에 없음을 깨닫게 된다. 이에 일찍이 주께서도 그러한 이단들의 삶의 열매를 보고, 그 정체를 알라고 교훈하셨다(마 7:15-23). 따라서 우리 성도들은 이러한 이단의 속성을 분명히 깨달아 그들에게 미혹되지 말고 하나님의 전신갑주로 무장하여(엡 6:10-20) 이를 능히 대처할 수 있어야 할 것이다.

『그랜드종합주석 18권』

❷ 당시 유대인 할례파가 가졌던 문제들을 오늘날 교회에서 찾아본다면 어떤 점들이 있을까요? 구체적 실례를 들어서 설명해 보십시오.

적용을 위한 글

옛 로마에서는 대리석 상인들이 손님들의 눈을 속이기 위해 흠이 많은 대리석에 초를 녹여 칠하여 시장에 종종 내 놓았다. 그래서 흠이 없는 대리석은 '초를 바르지 않은 것(sine cera)'이라고 표현했다고 한다. 이것이 서구 사람들이 편지 끝에 자주 쓰는 'sincerely(성심으로)'라고 하는 말의 어원이라고 한다. 고금을 막론하고 사람이 이웃을 속이고 거짓을 말하는 죄악은 어디서든지 찾아볼 수 있다고 하지만 오늘날과 같이 사기와 거짓이 빈번한 때가 없었다고 해도 과언은 아닐 것이다. 우리 사회의 불신사조야말로 이 사회의 안정과 발전에 암적 존재가 아닐 수 없다. 문제 해결에서 실효를 거두기 위해서는 거짓을 말하는 사람이 먼저 자신의 과오를 인정해야 할 것이다. 오늘의 인간이 문제가 되는 것은 잘못을 많이 범한다는 것보다는 자신이 잘못하고 있다는 사실을 모른다는 것이다. 많은 사람들이 자신의 과오를 알았더라면 그 과오를 고칠 수도 있었을 것이다. 거짓을 따르는 사람들을 그리스도께서는 '회칠한 무덤'이라고까지 엄격히 단죄하셨다.

『시골 신부』, 변갑선

적용 및 결단을 위한 질문

❶ 당신이 속한 신앙 공동체에서 지도자로 선출된다면, 특별히 개선해야 할 약점은 무엇입니까?

❷ 당신 주변에 거짓선생들이 존재한다면 어떻게 대하겠습니까?

14 바른 교훈에 합당한 말을 하라

본문 디도서 2장 1-15절

외울말씀 오직 너는 바른 교훈에 합당한 것을 말하여 (1절)

1오직 너는 바른 교훈에 합당한 것을 말하여 2늙은 남자로는 절제하며 경건하며 신중하
며 믿음과 사랑과 인내함에 온전하게 하고 3늙은 여자로는 이와 같이 행실이 거룩하며
모함하지 말며 많은 술의 종이 되지 아니하며 선한 것을 가르치는 자들이 되고 4그들로
젊은 여자들을 교훈하되 그 남편과 자녀를 사랑하며 5신중하며 순전하며 집안 일을 하며
선하며 자기 남편에게 복종하게 하라 이는 하나님의 말씀이 비방을 받지 않게 하려 함
이라 6너는 이와 같이 젊은 남자들을 신중하도록 권면하되 7범사에 네 자신이 선한 일의
본을 보이며 교훈에 부패하지 아니함과 단정함과 8책망할 것이 없는 바른 말을 하게 하
라 이는 대적하는 자로 하여금 부끄러워 우리를 악하다 할 것이 없게 하려 함이라 9종들
은 자기 상전들에게 범사에 순종하여 기쁘게 하고 거슬러 말하지 말며 10훔치지 말고 오
히려 모든 참된 신실성을 나타내게 하라 이는 범사에 우리 구주 하나님의 교훈을 빛나게
하려 함이라 11모든 사람에게 구원을 주시는 하나님의 은혜가 나타나 12우리를 양육하시
되 경건하지 않은 것과 이 세상 정욕을 다 버리고 신중함과 의로움과 경건함으로 이 세
상에 살고 13복스러운 소망과 우리의 크신 하나님 구주 예수 그리스도의 영광이 나타나
심을 기다리게 하셨으니 14그가 우리를 대신하여 자신을 주심은 모든 불법에서 우리를
속량하시고 우리를 깨끗하게 하사 선한 일을 열심히 하는 자기 백성이 되게 하려 하심이
라 15너는 이것을 말하고 권면하며 모든 권위로 책망하여 누구에게서든지 업신여김을 받
지 말라

도입을 위한 글

하나님이 인간을 당신의 형상으로 만드셨기 때문에 우리는 합리적인 존재다. 따라서 우리는 그리스도인으로서 어떻게 행해야 하는가 뿐만 아니라, 왜 그렇게 해야 하는가도 알아야 한다. 분명히 우리는 어떤 종류의 사람이 되어야 하는지에 대해 가르침을 받을 필요가 있다. 우리는 또한 동기 유발을 필요로 한다. 그렇다면 그리스도인의 행동이란 무엇인가? 또 그 근거는 무엇인가? 이러한 질문은 상호 연결되어 있으며, 디도서 2장은 이 두 가지 주제를 다루는 뛰어난 본보기가 되고 있다.

『디모데전서 · 디도서 강해』, 존 스토트, IVP

도입을 위한 질문

❶ 당신의 연령에 속한 사람들이 주로 유혹받기 쉬운 삶의 영역은 무엇입니까?

❷ 성화란 나의 노력으로 이루어가는 것입니까 아니면 성령이 내 안에서 이루어 주시는 것입니까? 상세히 설명해 보십시오.

본문 질문

■ **성도의 윤리지침** ■

❶ 중년 이후의 남성들이 신앙생활을 하면서 특별히 유념해서 실천해야 할 삶의 요소는 무엇입니까?(2절)

- 절제하기
- 경건하기
- (   )
- 믿음과 사랑과 인내함에 온전하게 하기

❷ 중년 이후의 여성들이 신앙생활을 영위함에 있어서 유념해야 할 요소는 무엇입니까?(3–5절)

- 행실이 거룩할 것
- (   )하지 말 것
- 과음하여 술의 종이 되지 말 것
- 선한 것을 가르치는 자들이 될 것
- 젊은 여자들을 교훈하는 것

❸ 젊은 여자 성도들은 어떠한 삶을 살아야 합니까?(4–5절)

- 남편과 자녀를 사랑하기
- 신중하며 (   ) 하기
- 집안 일을 하며 선하기
- 자기 남편에게 복종하기

❹ 4–5절의 말씀처럼 살아야 하는 이유는 무엇입니까?(5절)

❺ 젊은 남자 성도들은 어떠한 삶을 살아야 합니까?(6–8절)

- 신중하기
- 선한 일의 본을 보이기(디도 자신도 젊은 남자였음)
- 교훈의 부패하지 아니함(교훈의 내용이 그릇되지 아니함과 아울러 교훈의 동기가 불순하지 아니할 것을 포함함)
- 단정함
- (　　　　　) 바른 말을 하기

❻ 젊은 남성들이 이와 같이 살아야 하는 이유는 무엇입니까?(8절)

❼ 당시에는 신분상 종들이 존재했습니다. 오늘날 직장생활을 하는 직장인들은 어떤 삶의 자세가 필요합니까?(9–10절)

- 자기 상관에게 범사에 (　　　　)하여 기쁘게 하기
- 거슬러 말하지 말기
- 훔치지 말기
- 모든 참된 (　　　　)을 나타내기

■ **바른 교리** ■

❽ 우리가 하나님의 은혜로 구원받은 이후 양육을 받을 때 어떤 삶을 살게 됩니까?(11-12절)

- 경건치 않은 것과 이 세상 정욕을 다 버림
- (　　　　　　)과 의로움과 경건함으로 이 세상에서 살아감
- 복스러운 소망과 그리스도의 영광이 나타나기를 기다림

❾ 예수님께서 우리를 대신해서 자신을 주신 목적이 무엇입니까?(14절)

더 깊은 연구와 묵상을 위하여

❶ 디도서 2장은 성도가 각자의 처한 위치에서 성화의 길을 갈 것을 권면하고 있습니다. 내가 성화를 위해 열심히 수고하는 것과 성령께서 내 안에 역사하사 성화를 이루는 것을 어떻게 이해해야 할까요? 이는 양자택일의 문제일까요? 다음의 글을 읽고, 의견을 기술해 보십시오.

성화의 동기에 관하여(딛 2:11-13) 바울은 죄와 사망의 권세에서 성도들을 구원하셨던 하나님께서 성령을 보내사 각 성도의 마음 속에 내주하게 하셔서, 성도들이 이 땅에 사는 동안 성화(聖化)의 길로 나아가도록 인도하게 하시되 궁극적으로 종말에 재림하실 그리스도의 영광에 동참하게 하셨다고 말한다. 이는 성화의 주체는 성령님이시며, 그분은 모든 성도들이 천국 영광에 들어가도록 성화의 길로 나아가게 하는 분이시며, 또한 이 일을 결코 실패하지 않는 분이심을 보여준다. 이를 가리켜 우리는 신학적으로 '성도의 견인(堅忍)'이라고 말한다. 한편 성도의 성화는 전적으로 성령의 단독적인 사역이 아니라 성도 자신의 협력이 반드시 있어야만 되는 것이다. 그런데 여기서 바울이 성화의 동기로서 성령의 인도하심만 언급한 것은 이러한 인간의 노력을 간과했기 때문이 결코 아니다. 오히려 앞 단락 2:1-10에서 교훈들을 실천함에 있어서 성도들 자신이 경건하고 성결된 삶을 살기 위해 힘써 노력할 때, 성령 하나님께서 그들에게 힘을 주시고 성화의 길로 인도하고 계신다는 사실을 알게 함으로써 각 성도들이 더욱 성화를 위한 열심을 내도록 하기 위한 것이다.

❷ 당신은 성화를 위해 최선을 다하는 삶을 살고 있습니까? 성화의 도상에서 성령님의 도움을 어떻게 구하고 있습니까?

적용을 위한 글

1907년은 우리나라 교회 사상 최대의 부흥 운동이 일어난 해이다. 1910년 한일합방이 체결되면서 온 국토는 울음바다가 되었고 100만 명의 구령(救靈)운동과 함께 구국(救國)운동이 일어났다. 이 무렵 승동교회에서는 사경회가 열렸다. 이때 왕손인 이재형(이조 25대왕 철종의 사촌 경평군의 맏아들로서 목사가 된 왕손이다)은 친구 박승봉(朴勝鳳)장로와 함께 이 사경회에 참석하였다. 그런데 멀찌감치 앉아 있는 교우가 낯이 익었다. 그는 충주로 성묘하러 다닐 때 견마를 잡아주던 마부꾼으로서 자기를 전도했던 '엄'가였다. 깜짝 놀란 이재형은 반가운 김에 당장 가서 만나고 싶었으나 예배를 드리는 중이라 참고 기다릴 수밖에 없었다. 드디어 일부 순서가 끝났다. 이재형은 그에게로 가까이 가서 "형님"하면서 "이렇게 여기서 만나니 참말로 반갑구려! 여러 해 전에 내가 충주로 성묘하러 갈 때 나에게 전도하던 엄가가 아니오?"라고 말을 건넸다. 엄가는 너무나 뜻밖이어서 한참 동안 어리둥절해 있다가, "나으리, 황송합니다. 저를 형님이라고 부르시다니, 황송합니다. 나으리께서 예수를 믿으십니까? 할렐루야 감사합니다"하며 와락 엎드리며 큰절을 했다. 그러나 이재형은 "우리는 다같은 하나님의 자녀가 되었은즉 형제 자매가 아니요?" 하면서 그를 잡아 일으켰다. 그러자 모든 교인들의 눈은 이재형과 마부꾼에게 쏠렸다. 이재형은 교우들에게 두 사람의 사연을 들려 주었다. 교우들은 그 사연을 듣고는 감탄하지 않을 수 없었다. 그러자 양반 출신의 박승봉 장로도 그의 손을 잡았고, 다른 천민 출신의 교우들은 기쁨에 넘쳐 덩실덩실 춤을 추었다.

『토박이 신앙산맥』, 전택부

Best G.B.S.

적용 및 결단을 위한 질문

❶ 오늘 말씀을 통해 한 가지 결단하고 실천할 사항을 기록해 보십시오.

❷ 1번의 결단을 실행하기 위해서 성령의 도움을 구하는 기도문을 짧게 작성해 보십시오.

15 선한 일을 가르치라

본문 디도서 3장 1-15절

외울말씀 이 말이 미쁘도다 원하건대 너는 이 여러 것에 대하여 굳세게 말하라 이는 하나님을 믿는 자들로 하여금 조심하여 선한 일을 힘쓰게 하려 함이라 이것은 아름다우며 사람들에게 유익하니라 (8절)

1너는 그들로 하여금 통치자들과 권세 잡은 자들에게 복종하며 순종하며 모든 선한 일 행
하기를 준비하게 하며 2아무도 비방하지 말며 다투지 말며 관용하며 범사에 온유함을 모
든 사람에게 나타낼 것을 기억하게 하라 3우리도 전에는 어리석은 자요 순종하지 아니한
자요 속은 자요 여러 가지 정욕과 행락에 종 노릇한 자요 악독과 투기를 일삼은 자요 가증
스러운 자요 피차 미워한 자였으나 4우리 구주 하나님의 자비와 사람 사랑하심이 나타날
때에 5우리를 구원하시되 우리가 행한 바 의로운 행위로 말미암지 아니하고 오직 그의 긍
휼하심을 따라 중생의 씻음과 성령의 새롭게 하심으로 하셨나니 6우리 구주 예수 그리스
도로 말미암아 우리에게 그 성령을 풍성히 부어 주사 7우리로 그의 은혜를 힘입어 의롭다
하심을 얻어 영생의 소망을 따라 상속자가 되게 하려 하심이라 8이 말이 미쁘도다 원하건
대 너는 이 여러 것에 대하여 굳세게 말하라 이는 하나님을 믿는 자들로 하여금 조심하여
선한 일을 힘쓰게 하려 함이라 이것은 아름다우며 사람들에게 유익하니라 9그러나 어리석
은 변론과 족보 이야기와 분쟁과 율법에 대한 다툼은 피하라 이것은 무익한 것이요 헛된
것이니라 10이단에 속한 사람을 한두 번 훈계한 후에 멀리하라 11이러한 사람은 네가 아는
바와 같이 부패하여 스스로 정죄한 자로서 죄를 짓느니라 12내가 아데마나 두기고를 네게
보내리니 그때에 네가 급히 니고볼리로 내게 오라 내가 거기서 겨울을 지내기로 작정하였
노라 13율법교사 세나와 및 아볼로를 급히 먼저 보내어 그들로 부족함이 없게 하고 14또 우
리 사람들도 열매없는 자가 되지 않게 하기 위하여 필요한 것을 준비하는 좋은 일에 힘 쓰
기를 배우게 하라 15나와 함께 있는 자가 다 네게 문안하니 믿음 안에서 우리를 사랑하는
자들에게 너도 문안하라 은혜가 너희 무리에게 있을지어다

도입을 위한 글

우리는 예수를 믿지 않는 사람들을 전도할 때 이런 말을 제일 많이 쓰고 있습니다. "예수 믿고, 구원받으세요." 그러나 옛날 청교도들은 예수를 믿지 않는 사람들에게 기독교의 복음을 전할 때 이런 말을 많이 썼습니다. "사람이 두 번 태어나면 한 번만 죽고, 한 번만 태어나면 두 번 죽습니다." 이 말에는 참 진리가 들어 있습니다. 바로 우리의 육적인 부분과 영적인 부분을 말하고 있습니다. 사람이 두 번 태어나면 한 번만 죽는다는 말은 우리가 주님을 영접함으로써 거듭나면, 비록 한 번 육체는 죽지만 우리의 영은 결코 죽지 않는다는 말입니다. 그러나 사람이 한 번 태어나면 두 번 죽는다는 것은 성경에서 말하는 영원한 사망, 곧 지옥을 말하는 것입니다.

『짧은 이야기 긴 감동』, 이동원, 누가

도입을 위한 질문

❶ 당신은 모태신앙인인가요? 당신은 언제 어떤 과정을 통해 구원받았습니까?

❷ 구원받기 전과 구원받은 후의 당신의 삶에서 가장 큰 변화는 무엇입니까?

본문 질문

❶ 그리스도인들은 정부와 통치자에 대해서 어떤 태도를 가져야 합니까?(1절)

참고) [1]각 사람은 위에 있는 권세들에게 굴복하라 권세는 하나님께로 나지 않음이 없나니 모든 권세는 다 하나님의 정하신 바라 [2]그러므로 권세를 거스리는 자는 하나님의 명을 거스림이니 거스리는 자들은 심판을 자취하리라(롬 13:1-2)

❷ 그리스도인들은 불신 이웃과의 관계에서 어떤 태도를 취해야 합니까?(2절)

*훼방하다 [blasphemeo]: 하나님이나 사람에 대해 모욕하다. 상대에 대해 불경한 언사나 경멸적인 언사를 사용하다

❸ 우리가 예수님을 알기 전에 어떤 사람들이었습니까?(3절)

❹ 우리가 구원받은 근거와 방법을 본문에 근거해서 설명해 보십시오. 삼위일체 하나님은 우리가 구원 받을 때 각각 어떤 역할을 하셨습니까?(4-7절)

❺ 우리가 구원의 근거와 방법(4-7절)을 말할 때는 어떤 태도를 취해야 합니까?(8절) *굳세게 [diabebaioomai]: 확증하는 방식으로 확신있게, 권위있게

❻ 그리스도인들이 전도할 때, 그리고 대화할 때 반드시 피해야 할 사항은 무엇입니까?(9절)

❼ 이단에 속한 자는 어떻게 대해야 할까요?(10절) 그 이유는 무엇입니까?(11절)

❽ 바울이 디도가 있는 그레데 섬으로 파송한 인물 중 '아데마'는 예수의 70인 제자에 속했던 자이며, 후에 루스드라의 지역에서 첫번째 주교가 되었다고 알려져 있습니다. 또한 '두기고'는 바울이 '사랑받는 형제요 신실한 일꾼이요 주 안에서 함께 된 종'이라고 표현한 인물이며(골 4:7), 바울이 1차 투옥되었을 때 옥 중에서 기록한 에베소서, 골로새서 그리고 빌레몬서를 각각의 교회에 전달한 인물이기도 합니다(엡 6:21, 골 4:7, 9절). 바울 사도는 순회 사역자였던 아데마와 두기고를 위해 어떤 부탁을 하고 있습니까?(13절)

❾ 14절에서 '우리 사람들'이란 그레데 섬의 사람들을 의미합니다. 성도들은 남을 돕는 일에 열매 맺는 삶이 필요하며, 자신의 직업에 충실하게 임함으로써 남에게 의존하지 않고 자신의 삶을 꾸리는 것이 필요합니다(14절). 당신은 이 양면에 있어서 어떤 모습을 보여주고 있습니까?

더 깊은 연구와 묵상을 위하여

'선한 일'(kala erga)이란 표현은 목회 서신에 14번 등장한다. 바울은 이 주제에서 다섯 가지를 강조하는 것 같다. 첫째, 그리스도께서 죽으신 목적은 바로 선한 일에 열심인 자신의 친 백성을 만들기 위해 그들을 정결케 하는 것이었다(딛 2:14). 둘째, 선한 일은 결코 구원의 근거가 될 수 없다(딛 2:5, 딤후 1:9). 그러나 그것은 구원의 본질적인 증거다(딛 3:8, 14절). 셋째, 따라서 모든 그리스도인은 선한 일을 할 수 있도록 구비되고 준비되어 있어야 한다. 여자들은 이것으로 스스로를 장식하고, 부자는 이것을 자신의 특별한 의무로 간주해야 한다. 넷째, 목회사역 자체가 선한 일이기 때문에 모든 그리스도인 지도자는 자신이 하는 선한 일에서 뛰어나야 한다. 과부는 선한 일에 대한 평판을 얻지 못할 경우 명부에 올려질 수 없으며, 모든 목사는 선한 일에 모범이 되어야 한다(딛 2:7), 이 모든 것은 입으로는 하나님을 시인하지만, 행위로는 부인하는 거짓 교사들과 대조된다(딛 1:16). 다섯째, 다른 무엇보다도 선한 일이야말로 복음을 장식하고 외인들에게 그것을 권장하는 역할을 한다(딛 2:9-10).

『디모데전서 · 디도서 강해』, 존 스토트, IVP

❶ 구원 받음과 선한 일은 어떤 관계가 있습니까?(5절)

❷ 선한 일은 구원의 근거가 될 수 없음에도 불구하고, 왜 신자의 삶에서 선한 일이 필요합니까?(8절)

적용을 위한 글

아프리카로 간 영국의 선교사 스터드는 부모로부터 많은 재산을 상속받았습니다. 그러나 그는 성경의 부자 청년은 실패했던 바로 그 일을 자신이 행할 수 있는 이 황금의 기회를 놓치지 않고 자신의 모든 재산을 그리스도께 드리기로 결심했습니다. 이것은 분명한 하나님의 말씀에 대한 단순한 순종이었습니다. 그는 주님의 일을 위해 수많은 돈을 헌금했으며, 한편 그의 약혼녀를 위하여 9,600불 상당의 돈을 저축해 두었습니다. 그러나 그녀도 예수님을 따르기 위해 모든 것을 포기하는 데 있어서 장래의 남편될 사람의 수준에 결코 뒤지지 않았습니다. "찰리, 주님께서 젊은 부자 청년에게 무엇을 하라고 하신지 아세요?" 그녀가 물었습니다. "모든 것을 팔라고 하셨지." 그가 대답했습니다. "그러면 우리도 주님과 함께 빈 손으로 출발해야 하겠군요." 그리하여 약혼녀를 위해 남겨두었던 돈도 선교를 위해 사용되었습니다. 예수 그리스도는 우리가 그를 따르기 위해 기꺼이 모든 것을 버려야 한다고 말씀하신 것이 아니라, 반드시 모든 것을 버려야 한다고 말씀하신 것입니다.

『거듭난 삶』, 프랜시스 코스그로브

적용 및 결단을 위한 질문

❶ 오늘 말씀은 이웃과의 관계에서 대화할 때 반드시 피해야 할 사항을 적시하고 있습니다(딛 3:9). 우리가 무엇을 피해야 할까요? 왜 그렇습니까? 당신은 이 말씀 앞에서 구체적인 결단을 한다면 어떻게 하겠습니까?

❷ 당신이 구원받은 백성으로서 구체적으로 앞으로 3개월간 실천하고자 하는 '선한 일'을 기록해 보십시오.

〈 프리셉트 어린이 신앙전기 도서 〉

프리셉트 어린이 신앙전기 ❶

파란 눈의 중국인 선교사 **허드슨 테일러**

중국인들의 친구가 된 허드슨 선교사의 이야기. 그는 어려움에 닥칠 때마다 하나님을 의지하며 기도의 힘으로 이겨 냈다.

값 12,000원

프리셉트 어린이 신앙전기 ❷

고아들의 영웅 **조지 뮬러**

고아들을 돌보며 영혼을 구원하는 일에 전념했던 조지 목사. 그가 행한 섬김의 삶이 얼마나 복된 것인지 볼 수 있다.

값 8,000원

프리셉트 어린이 신앙전기 ❸

고통 속에서 희망을 노래하는 **코리 텐 붐**

나치가 지배하던 세상은 증오심으로 미쳐가고 있었다. 그 속에서 코리는 말씀을 통해 희망을 노래할 수 있었다.

값 7,500원

프리셉트 어린이 신앙전기 ❹

달리기 챔피언 선교사 **에릭 리들**

에릭은 주일에 달릴 수 없다는 이유로 경기를 포기했다. 대신 그는 하나님의 인도하심으로 크나큰 영광을 받게 된다.

값 8,000원

프리셉트 어린이 신앙전기 ❺

꿈과 열정의 전도자 **빌 브라이트**

평생 뜨거운 전도의 열정을 품고 세계를 누빈 빌 브라이트. 그의 삶은 실천하는 참된 신앙인이란 무엇인지 보여 준다.

값 10,000원

프리셉트 어린이 신앙전기 ❻

살아 있는 순교자 **리처드 범브란트**

리처드는 핍박을 당하는 상황에서도 모든 사람을 하나님의 사랑으로 용서했다. 또한 믿음을 지키며 그들을 위해 기도했다.

값 8,000원

프리셉트 어린이 신앙전기 ❼

종교 개혁의 횃불을 든 **마틴 루터**

루터의 용기 있는 신앙이 타락한 교회를 주님만을 바라보는 교회로 변화시켰고, 성경이 말하는 진리를 깨닫게 했다.

값 8,000원

프리셉트 어린이 신앙전기 ❽

열정의 복음 전도자 **디엘 무디**

하나님은 열정으로 가득한 무디를 통해 사람들에게 말씀을 전하셨으며, 오랫동안 방황하던 영혼들을 새롭게 변화시키셨다.

값 10,000원

프리셉트 T. 02-588-2218 | www.precept.or.kr

심도 있게 편찬된
구역 및 대학·청년부 BEST G.B.S. 교재

BEST 디모데전·후서/ 디도서

지은이	김경섭
초판 1쇄	2010년 7월 20일
개정 1판 1쇄	2014년 2월 12일
개정 1판 2쇄	2025년 3월 15일
발행인	김경섭
국제총무	최복순
총무이사	김현욱
편집부	고유영(편집실장), 김성경, 김지혜
인쇄	영진문원
발행처	묵상하는사람들
등록번호	108-82-61175
일부총판	생명의말씀사 Tel. (02) 3159-7979 Fax. 080-022-8585
주소	서울특별시 서초구 청룡마을길 8-1(신원동) (우) 06802
전화	(02) 588-2218 팩스 (02) 588-2268
홈페이지	www.precept.or.kr

국민은행 431401-04-058116(프리셉트선교회)

값 5,000원
ISBN 978-89-8475-613-7 04230
978-89-8475-456-0 04230(세트)

독자 여러분의 의견을 기다립니다.
(02) 588-2218 / pmbook77@naver.com